EL MUNDO AL QUE PREDICAMOS

Una exposición meticulosa de las
diversas corrientes filosóficas
entre las el evangelio acciona

©2015 Logoi, Inc.
Derechos electrónicos
www.logoi.org

eISBN 978-1-938420-54-2

©1998 LOGOI, Inc.
Miami, FL 33186
Todos los derechos reservados

Autor: Salvador Dellutri

Editor: Luis Nahum Sáez
Portada: Meredith Bozek

Todos los derechos reservados. Prohibida la reproducción total o parcial de esta obra, por cualquier medio literario, visual, auditivo o electrónico, sin la debida autorización escrita de los editores.

Contenido

Prólogo 5
Capítulo 1: Orígenes de Occidente La herencia Hebrea........7
Capítulo 2: Orígenes de Occidente La herencia Griega.......14
Capítulo 3: El hombre de Occidente 24
Capítulo 4: Renacimiento humanista y la reforma protestante 35
Capítulo 5: Crecimiento del humanismo 47
Capítulo 6: El hombre del siglo XX 57
Capítulo 7: Los problemas del hombre moderno................67
Capítulo 8: El hombre en busca de sentido 77
Capítulo 9: El mandato autoritativo 89
Apéndice A: La posmodernidad 99
Apéndice B: Una perspectiva más amplia de la postmodernidad 106

El mundo al que predicamos

Prólogo

Hace casi dos mil años, en un oscuro rincón del Imperio Romano moría crucificado un reo acusado de sedición. Sus seguidores se dispersaron impotentes ante la decisión de las autoridades judías y romanas de dar fin a lo que fueron tres años de incesante prédica. Cincuenta años después, la doctrina del crucificado había trascendido las estrechas fronteras de su pueblo, y su mensaje se difundía por todo el imperio arrastrando multitudes. Ni la razón ni la fuerza pudieron contra el empuje de la nueva fe que terminó por minar el imperio; y se constituyó en el fundamento de lo que se dio a conocer como «Cultura Occidental y Cristiana». Ninguna civilización anterior tuvo la dinámica de esta, ni su respeto por la dignidad humana, la justicia y la libertad.

Hoy esa cultura está en crisis. Este siglo se ha lanzado a un experimento que nunca antes el hombre intentó. Deslumbrado por las engañosas lumbreras de una libertad sin límites, el hombre occidental trata de edificar un mundo sin fe trascendente y sin valores absolutos.

En el horizonte de su historia comienzan a emerger nuevamente, con distinta indumentaria, los viejos dioses paganos que huyeron en retirada, vencidos por el Cristo resucitado. Los ídolos que permanecieron encerrados en salas de museos parecen volver a cobrar vida. Los antiguos vicios del paganismo, antes condenados severamente, emergen otra vez y se defienden como baluartes de una «nueva moral», más flexible, comprensiva y permisiva que la anterior.

El problema de la culpa comienza a resolverse «científicamente» a través de modernas «religiones seculares» que confiesan y absuelven a los hombres en nombre de la modernidad de sus doctrinas. El modelo familiar es cuestionado y modificado, la dignidad del hombre es continuamente menoscabada.

Se calcula que 50.000.000 de vidas son segadas anualmente antes de nacer, la función maternal es considerada inferior y la mujer pide el derecho a ser como el hombre. La religión es cada vez más relegada a lo formal, al punto que los hombres recurren a ella como un elemento folklórico.

Por contraste, avanzan incontenibles el ocultismo, el hinduismo, el islamismo y todo culto esotérico. La tecnología y el avance científico se utilizan en forma ambivalente: Destruyendo y defendiendo a la vida en una contradicción que no resiste el menor análisis racional.

Paralelamente aumentan la angustia y el «sin sentido» de la vida que hacen brotar todo tipo de adicciones, violencia y desenfreno, consecuencia de un creciente mercado del desaliento que se agiganta progresivamente.

Occidente está en crisis. Y tras esa crisis individual se ven afectadas las instituciones —familia, iglesia, gobierno—, que participan del mismo mal.

¿Qué le sucede a nuestra cultura occidental? ¿Qué sucede con nuestra civilización? ¿Hacia dónde nos dirigimos? ¿Cuál será el resultado de este alocado experimento?

Para los cristianos las preguntas se multiplican. ¿Cuál es el rol que tenemos que desempeñar? ¿Cómo comunicar un mensaje de esperanza a una generación que cierra sus oídos a lo espiritual? ¿Qué responsabilidad le cabe al cristianismo en esta crisis?

Frente a nosotros está el mundo al que debemos predicar. ¿Cómo hacerlo? ¿Cuáles son los interrogantes de este hombre? ¿Cómo ha forjado esos interrogantes? ¿Cómo expresa su necesidad? ¿Cuáles son sus preguntas?

Tenemos que detenernos a analizar la crisis de nuestra cultura y entender cuáles son los interrogantes del hombre moderno para ser eficaces en la comunicación.

Los cristianos tenemos las respuestas. Necesitamos, sin embargo, conocer las preguntas.

Capítulo 1: Orígenes de Occidente
La herencia Hebrea

Es difícil definir qué es eso que llamamos «Mundo Occidental», y mucho más lo es determinar su nacimiento. En el devenir del tiempo las culturas se desarrollan, consolidan y modifican hasta alcanzar su madurez, y son muchos los factores convergentes que determinan su crecimiento y expansión.

La nuestra, sin embargo, no sería lo que es si no fuera por el aporte de dos pueblos de la antigüedad, diferentes y antagónicos, que constituyen las raíces de nuestra civilización: los hebreos y los griegos.

La herencia hebrea

«Jehová te ha escogido para que seas un pueblo único de entre todos los pueblos que están sobre la tierra» (Deuteronomio 14.2). Así se expresaba Dios acerca de su pueblo, y así lo entendieron los hebreos siempre, en todas las circunstancias: Un pueblo único y especial.

La concepción monoteísta

La particularidad de la cultura hebrea parte de su Dios. El Dios de los hebreos es uno especial, diferente a los dioses que adoraban los otros pueblos.

I. Es un Dios espiritual

El Dios de los hebreos no puede representarse materialmente. El mandamiento es claro: «No te harás imagen, ni ninguna semejanza de lo que esté arriba en el cielo, ni abajo en la tierra, ni en las aguas debajo de la tierra» (Éxodo 20.4)

Dios es Espíritu, y esta concepción se opone a la imaginería politeísta que concibe siempre la morfología divina ligada a las formas de la naturaleza.

II. Es un Dios con carácter

«Es Dios santo, y Dios celoso; no sufrirá vuestras rebeliones y vuestros pecados» (Josué 24.19). El carácter de Dios es perfectamente definido. Lejos está de los dioses caprichosos y arbitrarios del paganismo. El Dios de los hebreos está definido éticamente, y demanda esa definición a sus seguidores de manera insistente.

III. Es un Dios que se revela

«Estos, pues, son los mandamientos, estatutos y decretos que Jehová vuestro Dios mandó que os enseñase, para que los pongáis por obra en la tierra a la cual pasáis vosotros para tomarla» (Dt 6.1)

La ley de Dios no es verbal, es escrita. En ella yace la demanda ética de Dios, pero incluye también la historia de los orígenes del universo, y del hombre, su proto-historia. Poco hay para investigar: Todo está revelado. La ocupación fundamental del hombre es cumplir con las demandas prescritas en esa ley.

Los hebreos van a ser un pueblo monoteísta en medio del politeísmo, con un Dios espiritual en medio de pueblos idólatras; con una revelación rígida, en medio de pueblos con deidades volubles.

La revelación de Dios

La cultura hebrea se moldea en torno a la ley de Dios. Esta ley es revelada, es decir, recibida en forma directa de Dios, por lo tanto es inmutable y autoritativa.

La ley contiene demandas, promesas y castigos; su estudio será la labor intelectual por excelencia; todo razonamiento debe ceñirse a esa Palabra revelada de Dios. La frase «Así dice Jehová» define cualquier discusión y derriba cualquier argumento. Todos coinciden en que «El principio de la sabiduría es el temor de Jehová; los insensatos desprecian la sabiduría y la enseñanza» (Proverbios 1.7).

Esta ley perfecta, monolítica e inconmovible no solo tiene demandas: también responde a los cuestionamientos más profundos del alma humana. El origen del hombre y del universo, el sentido y trascendencia de la vida, la organización religiosa y la esperanza espiritual acompañan en esta revelación a las demandas éticas.

Israel encuentra su razón de ser en las promesas dadas a Abraham, pero se consolida como nación en torno a la ley dada por Moisés.

Durante siglos, la labor de sus sabios sería estudiar e interpretar esa ley; la de sus caudillos y reyes ejecutarla; y la de sus profetas reclamar fidelidad en nombre de Dios y emitir juicios por las desviaciones.

Lejos de constituir un conjunto de principios filosóficos, la ley de Dios está directamente ligada a la realidad concreta de la tierra.

Los mandamientos de Dios eran para ser ejecutados en un lugar geográfico determinado: La tierra de Israel. Esa tierra era el galardón que Dios bendecía en los momentos de fidelidad, y asolaba en los tiempos de apostasía. Las calamidades eran progresivas y podían llegar hasta el destierro y la esclavitud, empero el arrepentimiento sería correspondido por Dios con la bendición y el retorno a la prosperidad.

Linealidad de la historia

A todo esto se añadía la esperanza mesiánica. El advenimiento del Mesías sería el clímax de la historia. Esta esperanza se les concede tempranamente y se desarrolla en el tiempo, lo que les hace tener un sentido de linealidad histórica que contrasta con las demás concepciones.

Para el hebreo la historia se dirige a un punto definido, el hombre está puesto en el tiempo y los sucesos progresan según los planes de Dios hacia la manifestación final del Enviado. No ven la historia como caótica, dialéctica o cíclica. Todo tiene un sentido y progresa hacia un punto final donde converge la esperanza: El Mesías prometido.

Mientras la ley une a los hebreos en torno a los principios de Dios, la esperanza mesiánica dinamiza su cultura en el tiempo y la entronca finalmente con la eternidad. En medio de los avatares de su existencia, la nación renace una y otra vez de sus cenizas encarnando la expresión de Job: «Yo sé que mi Redentor vive, y al fin se levantará sobre el polvo» (Job 19.25).

La profecía fundacional será para los hebreos la que le expresó Jacob a su hijo Judá: «No será quitado el cetro de Judá, ni el legislador de entre sus pies, hasta que venga Siloh; y a él se congregarán los pueblos» (Génesis 49.10). «Siloh», palabra de oscuro origen hace que la Septuaginta traduzca «hasta que venga la herencia plena de Judá», pero el Targum, los escritos de Qumrãn y el Documento de Damasco interpretan en forma literal como una referencia al Mesías. El tema del Mesías va a ser ampliamente desarrollado con posterioridad en diversas profecías, pero todas concuerdan con la mencionada: «No será quitado el cetro», «hasta que venga», «a él se congregarán». Ellas señalan eventos históricos futuros hacia los cuales deviene la historia gobernada por Dios.

El profesor Etan Levine dice al respecto: «Se puede afirmar que el Mesías fue clave en el pensamiento judío antiguo, aun cuando no se tuvo de Él una concepción unitaria. La concepción común y predominante en el pueblo fue la de un Mesías rey, de la familia de David, que debía darle a Israel la victoria definitiva sobre las naciones, y establecer el reinado de la justicia, la verdad y la paz.

El Mesías era esperado en la historia, no era una esperanza para el más allá, y esto consolidó la percepción lineal de la historia entre los hebreos.

El hombre, creación de Dios

La antropología hebrea estaba como dijimos incluida en la revelación.

El origen del hombre se describe en los primeros capítulos del Génesis. Allí aparece diferenciado de Dios, es «otra» persona, pero fue creado a imagen y semejanza de Dios. Los propósitos del Creador con la primera pareja humana tienen su respuesta. El hombre no es un «ser en busca de sentido»: Su origen, sentido y esperanza están claramente descritos.

Esto no impidió que al desarrollarse la cultura se plantearan problemas existenciales. Job, el patriarca sufriente, pregunta: «¿Qué es el hombre para que lo engrandezcas, y pongas sobre él tu corazón, y lo visites todas las mañanas?» (Job 7.17). Su profundo sufrimiento lo llevaba al interrogante.

David también, frente a la inmensidad del cosmos, repite la pregunta: «¿Qué es el hombre para que tengas de él memoria, y el hijo del hombre para que lo visites?» (Salmos 8.4). Y vuelve a interrogarse frente a la singularidad de su destino, que no alcanza a comprender: «Oh Jehová, ¿qué es el hombre para que en él pienses, o el hijo de hombre para que lo estimes?» (Salmos 144.3).

Pero la pregunta de Job y David, común a toda la raza en situaciones críticas, no la expresan con la desesperación del existencialista ante la nada, sino que la presentan delante del Hacedor. Ambos tienen un Interlocutor, más allá de ellos, que posee todas las respuestas. Si no alcanzan a percibirla, no caerán en el «vacío existencial» o en «el sinsentido de la vida», sino en una fe esperanzada puesta en quien los ha creado y maneja todos los hilos de sus vidas.

El problema del pecado y la culpa

Los hebreos tenían dentro de la revelación un nutrido conjunto de leyes rituales. Si bien Jehová Dios era exigente en cuanto a la conducta moral de su pueblo, tenía previsto el remedio para el problema de la culpa y el pecado.

Dios, en el ritual, se presentaba como el Ser Santo, separado, inaccesible a causa del pecado del hombre. Pero los animales designados, víctimas inocentes, eran colocados en el altar por el culpable, que ponía las manos sobre la víctima y presenciaba su sacrificio, como acto expiatorio.

Los sacrificios humanos no entraban en el ritual. El principio de la sustitución y el perdón de Dios por intermediación de la sangre inocente era el camino a la paz interior.

Todo se estableció de una manera minuciosa, y el hombre —cuya conciencia le acusaba de pecado—, tenía un camino claro y definido para reiniciar su comunión con Dios y recuperar así el equilibrio espiritual.

Los hebreos, sin embargo, comprendían que Dios buscaba un corazón auténticamente arrepentido: «Los sacrificios de Dios son el espíritu quebrantado; al corazón contrito y humillado no despreciarás tú, oh Dios» (Salmos 51.17).

Conclusión

La nación hebrea se fundó sobre estos principios, sosteniendo su condición de «pueblo elegido» en su acepción más estricta, sin entender lo amplio de la promesa a Abraham: «Y serán benditas en ti todas las familias de la tierra» (Génesis 12.3).

El cristianismo, nacido dentro del judaísmo, al proclamar a Jesús como el Hijo de Dios —el Mesías prometido—, y al predicarlo a «todas las naciones» penetra al mundo pagano, y pone en los cimientos de nuestra cultura estos conceptos que serán vitales para el mundo occidental.

El mundo al que predicamos

Capítulo 2: Orígenes de Occidente
La herencia Griega

El desarrollo de la civilización griega es totalmente distinto al de la hebrea. Su historia tiene un dinamismo desconocido hasta entonces; es imposible entender la cultura occidental sin tener en cuenta los aportes de esta original civilización.

Los griegos se auto denominaban «helenos»; el título de «griegos» fue acuñado por los romanos. Los rasgos elementales de la mentalidad helena pueden resumirse en tres palabras: Humanismo, individualismo y racionalismo.

El humanismo griego

Los griegos eran politeístas. Totalmente alejados de la concepción religiosa hebrea; sus dioses eran profundamente humanos: Tenían los defectos y virtudes de todos los hombres, eran el reflejo de ellos mismos.

Estos dioses no moraban en el cielo, sino mucho más cerca: En el vecino monte Olimpo. Esta cercanía les permitía mezclarse con los hombres y hasta podían procrear con ellos. De la unión entre los dioses y los hombres nacían los «héroes».

Zeus, por ejemplo, era el padre y la autoridad suprema de todos los dioses, pero ello no impedía que se hiciera pasar por humano, reemplazando a algún marido ausente y engendrando un «héroe», como en el caso de Hércules, engañando vilmente a la princesa Alemana.

Esta concepción religiosa era muy cómoda: No tenía exigencias morales. Sus dioses eran pervertidos, inmorales, caprichosos. Es más, sirven para inspirar grandes obras artísticas ya que son un compendio de la naturaleza humana. Pero tenían un gran inconveniente: No podían responder a los grandes interrogantes del alma, dejaban a sus seguidores éticamente huérfanos, librados a sus propias pasiones.

Estos dioses de factura humana, no obstante, destacaban la confianza absoluta que tenían en el hombre y sus posibilidades.

A través de su religión se gestaba en el pensamiento griego, lo que tan acertadamente iba a sintetizar Protágoras: «El hombre es la medida de todas las cosas».

Esta orfandad frente a los grandes interrogantes sería un factor desencadenante de su filosofía.

El individualismo griego

La sociedad griega no fue homogénea: Jamás se unieron para formar un imperio, ni aceptaron una dinastía reinante, ni tenían castas sacerdotales.

Atomizados en diversas ciudades, cada heleno trataba de sobresalir en su campo de acción: los atletas, los soldados, los artesanos, los artistas, etc., trataban de ser los mejores en su disciplina, esforzándose por superarse y sobrepasar a los demás.

Este individualismo hizo que dentro de la misma cultura pudieran coexistir formas tan opuestas de vida como la de Esparta y Atenas.

El énfasis en lo individual por encima de lo colectivo hizo la gran diferencia con otras culturas orientales. La civilización china, con una vasta extensión territorial que no puede compararse con la reducida geografía de los griegos, consiguió consolidar una homogeneidad que estos no podían ni imaginarse.

El racionalismo griego

La carencia de respuestas profundas y satisfactorias expuesta a través de los mitos en lo referente al origen y funcionamiento del universo, así como también la falta de una ética precisa, a la manera de la ética revelada de los hebreos, llevó a los griegos a lanzarse a la gran aventura de la investigación.

El universo se presentó ante sus ojos como susceptible de ser investigado y comprendido. Los mitos acerca del origen y la marcha del universo no resistían el menor análisis. Comenzaron entonces a ver la naturaleza con ojos científicos y a preguntarse acerca de las cosas prescindiendo de todo lo que no fuera racional.

Nacen así los «filósofos» o «amantes de la sabiduría» que reflexionaban acerca del universo y la vida. Por supuesto que no fueron los primeros en hacerlo, el hombre siempre tuvo esas inquietudes. El rasgo característico de los griegos es que lo hicieron en forma racional y sistemática.

Los griegos pasaron de la reflexión mítica, donde las fuerzas de la naturaleza están personificadas en dioses, a la reflexión filosófica, donde el pensamiento trata de penetrar racionalmente en el universo.

Por último, la reflexión pasa del universo al hombre, tratando de investigar racionalmente acerca de los valores.

Estas tres características: humanismo, individualismo y racionalismo, caracterizan a la cultura griega y van influir en forma decisiva en la cultura occidental.

Habiendo resumido las características de la mentalidad griega, analicemos el desarrollo de su pensamiento. Para ello dividiremos su historia en tres períodos: mítico, jónico o presocrático, ático o socrático.

Período mítico

En el año 2000 antes de nuestra era, floreció en las islas del Mar Egeo una brillante civilización, cuyo centro fue Creta, y que servía como puente entre las culturas del cercano oriente y Europa.

En 1400 a.C. los «aqueos», pueblos de la Grecia continental, invadieron Creta y pusieron fin a esa civilización. Como casi siempre ocurre, los conquistadores asimilaron una gran parte de la cultura conquistada. Surgía así la nueva civilización griega.

Ruskin dijo: «Las grandes naciones escriben su autobiografía en tres manuscritos: el libro de sus hechos, el libro de sus palabras y el libro de su arte. No se puede entender ninguno de esos libros sin leer los otros dos, pero de los tres el único fidedigno es el último».

Homero, el legendario poeta griego, deja testimonio en la Ilíada y la Odisea acerca del pensamiento en esa época. La lectura de estas obras nos revelan la concepción de la vida que tenían los griegos.

Como señalamos antes, sus dioses eran profundamente humanos, incapaces de satisfacer las necesidades intrínsecas del alma. Pero servían a los griegos para descargar en ellos toda responsabilidad, y eludir el problema de la culpa personal.

Analicemos algunos párrafos de la Ilíada

En la Rapsodia II, París es acusado de raptar a Helena y causar la guerra de Troya. Rápidamente se defiende y dice: «No me reproches las amables gracias que me otorgó Afrodita de oro. Jamás debemos desdeñar los gloriosos dones de los dioses, pues nos los reparten a su gusto y no podemos elegirlos».

París no asume ningún tipo de responsabilidad, al contrario, Afrodita, la diosa del amor, le sirve como excusa.

Los griegos utilizaban a sus dioses como la causa externa que originaba el mal. La etimología de la palabra «excusa» es «causa afuera». Ellos colocaban la causa fuera de sí mismos.

Agamenón se justifica en la Rapsodia XIX y dice: «A menudo los acaenios me acusaron, aunque no causé sus males, ya que Zeus, Moira y Erinnis —errantes en las tinieblas—, llenaron de furor mi alma en el ágora. ¿Qué podía yo hacer? Todo lo ejecutó una diosa, venerable hija de Zeus, la fatal Ate, que separa a los hombres».

La causa del obrar reprochable de Agamenón se encuentra en Zeus, el dios supremo; Moira, nombre genérico de tres divinidades que hilaban, devanaban y cortaban el hilo de la vida del hombre; y Erinnis, la divinidad infernal que ejecutaba las órdenes de los dioses.

Ni siquiera asumían la responsabilidad de su propia cobardía. Héctor, acusado de haber retrocedido de miedo ante Ayax, se justifica en la Rapsodia XVII afirmando: «Nunca me asustaron ni el ruido de los carros, ni el estruendo de las refriegas; pero el espíritu tempestuoso de Zeus acobarda fácilmente al bravo y arrebata la victoria».

En la Odisea volvemos a encontrar el mismo planteamiento. En la Rapsodia XI, uno de los personajes se exculpa: «Dañáronme la "mala voluntad" de algún Dios y el exceso de vino».

Notemos el orden en que se coloca la embriaguez, luego de la «mala voluntad» de las deidades, que quedan como causa original.

En la misma rapsodia, Tiresias le comunica a Odiseo que un dios le guardaba rencor, irritado porque le había cegado un hijo. Odiseo le responde: «Esas cosas las decretaron sin duda los propios dioses».

El destino del hombre parece estar ligado al capricho de los dioses, o a la fatalidad. Los dioses instalan en el corazón de los humanos la pasión (griego phatos, de donde deriva nuestra palabra «patología», enfermedad).

El hombre es poseído por un dios maligno, el «daimon», de donde deriva la palabra «demonio», que termina por producir un crimen objetivo, del cual la persona no es responsable. Todo pecado es involuntario, por lo tanto no hay responsabilidad ni culpa, tal como la concebimos hoy.

Surgen naturalmente algunas preguntas: ¿Habían los griegos logrado cauterizar hasta tal grado su conciencia? ¿No tenían noción de culpa personal?

De ninguna manera. En la Rapsodia I de la Odisea, los dioses se quejan: «¡Oh dioses! ¡De qué modo culpan los mortales a los númenes! Dicen que todos los males les vienen de nosotros y son ellos quienes se atraen con sus locuras infortunios no decretados por el destino».

Paralelamente al inflexible fatalismo aparece la relación de los males y la culpa. La idea de hombres responsables, productores de sus propios males, culpables, se opone a la visión fatalista. Esto nos lleva a pensar que la voluntad voluble e inflexible de los dioses son «delantales de hojas de higuera» con que los griegos cubren sus propias faltas y tratan de acallar sus conciencias culpables.

En Niove, una de las tragedias de Esquilo —de la que conservamos únicamente algunos fragmentos—, puede estar la clave del problema. En uno de sus párrafos dice: «Dios engendra en los mortales la culpa, cuando quiere destruir totalmente a una familia».

Los elementos expiatorios que presentaba el paganismo no alcanzaban para acallar la conciencia. Era necesaria una religión que, ya que no tenía esos elementos, por lo menos pudiera servir de «excusa».

Las diferencias con la cultura hebrea son muy profundas. La ética revelada y el sistema simbólico de expiación previsto por la ley mosaica les permitía asumir la verdad de la condición humana.

Los griegos, con dioses de elaboración humana, proyección de sí mismos, vivían alienados de su propia realidad, insatisfechos espiritualmente.

A medida que la cultura griega avanza, la mitología va evidenciando sus carencias. Los griegos deben empezar a buscar otros rumbos. Comienzan entonces a desarrollar su racionalismo.

Período jónico o presocrático

A la filosofía que se gesta antes de Sócrates se la denomina jónica. Los filósofos vivían en Mileto, Éfeso, Samos, en el sur de la península itálica, y en la isla de Sicilia.

Ellos se ocuparon del universo, y crearon conceptos que aun hoy utilizamos: elemento, materia, forma, espíritu, átomo, etc.

El tema fundamental de reflexión era el Arkhé o principio de todas las cosas. Pero no se referían al principio temporal, no intentaban contestar quién hizo el universo, sino de qué estaba hecho. Buscaban el origen esencial.

La pregunta era: ¿Qué son, en su verdadero y más íntimo ser, las cosas que nos rodean que presentan un aspecto tan variado? Sospechaban que lo que veían era la apariencia, la corteza de las cosas, pero tenían que contar con una esencia común. Distinguían lo que perciben los sentidos del verdadero ser de las cosas.

Pensaban que cada cosa era algo individual en lo exterior, pero que en lo esencial eran iguales. La esencia era lo permanente y lo exterior lo casual y transitorio.

Tales de Mileto (624-546 a.C.). Sostenía que todo lo existente había surgido de una materia prima que era el agua, el estado de humedad.

Anaximandro de Mileto (610-545 a.C.). Hablaba de una sustancia universal indefinida a la que llamaba Apeirón (infinito o indeterminado).

El apeirón era de origen material, como el agua o el aire, pero también era ilimitado e infinito. Aristóteles dirá que el apeirón es «como lo inmortal, lo incorruptible y divino, que todo lo abarca y todo lo dirige».

Para Anaxímenes de Mileto (585-525 a.C.), la sustancia era el aire, de donde surge todo por condensación o dilatación: «El aire enrarecido se torna fuego condensado, viento; después, nubes; luego, aún más condensado, agua, tierra y piedra, y de ahí todo lo demás». Por «rarefacción» del aire surgía el alma.

Pero fue Heráclito de Éfeso (544-484 a.C.) quien dio un paso importante cuando señaló que el principio fundamental era el devenir. Se preguntaba por qué si las cosas varían constantemente no degeneran, se corrompen y desaparecen [y afirmaba: «No nos bañamos dos veces en el mismo río»]. El problema del tiempo aparece con Heráclito.

El filósofo de Éfeso escribe: «El mundo no lo ha creado ningún dios ni ningún hombre, sino que siempre fue y siempre será un fuego eternamente vivo, que con medida se aviva y con medida se extingue».

Esta medida hace que el devenir no sea anárquico, la medida domina y da sentido. A la ley del devenir cósmico, que se enciende y apaga con medida, la llamó Logos.

El Logos es la razón universal, la ley eterna que rige ordenadamente el proceso de todas las cosas.

Heráclito se aventura aún más y habla del Logos como la ley de las costumbres, la ley moral para el hombre y la sociedad. Termina afirmando: «Todas las leyes se nutren de la divina».

Es notable que seis siglos después, en la misma ciudad de Éfeso, el apóstol Juan escribiera su evangelio y comenzara con estas palabras: «En el principio era el Logos» (en español «Verbo»). Pero la diferencia es notable: El Logos de Juan tiene lo que no logra encontrarle Heráclito: Nombre, personalidad y carácter.

Demócrito de Abdera (siglo V a.C.) va a hacer un aporte importante a la ciencia cuando defina el principio de las cosas llamándolo «átomo», que describe como «corpúsculos indivisibles, todos de la misma cualidad, aunque diferentes en su magnitud y formas».

Pero es Anaxágoras de Clazomene (500-420 a.C.) quién llegará al límite en la investigación cuando introduce el concepto de Nous o Espíritu, que define como la fuerza externa que dirige todo.

Anaxágoras concibe al Nous como divino, infinito, autónomo, omnipotente, omnisciente y omnipresente que pone orden y finalidad a todas las cosas.

El razonamiento de los filósofos presocráticos había llegado a su límite. Tras las definiciones de Heráclito y Anaxágoras aparecía la idea de un Dios único, todopoderoso, que daba sentido al universo.

Llegaron hasta donde puede arribar el pensamiento autónomo, abrieron los grandes interrogantes, especularon hasta las últimas consecuencias. Comenzaron una investigación y no llegaron a la conclusión final, pero se atrevieron a preguntarle al universo. La respuesta tendría que venir de arriba.

Período o filosofía ática o socrática

Con Sócrates (470-399 a.C.) asume la dirección filosófica el Ática o la metrópoli, es decir Atenas. Comienza el período más brillante de la filosofía griega que estará jalonado por tres nombres: Sócrates, Platón y Aristóteles.

Sócrates no deja ningún testimonio escrito, todo lo que sabemos de él se lo debemos a su discípulo Platón.

Sócrates no analizaba el universo, no le interesaban las especulaciones de los filósofos anteriores. Enfoca la filosofía hacia el hombre. Pasa de las preguntas acerca de la naturaleza a los interrogantes respecto a cómo debemos vivir.

Adoptó la frase «Conócete a ti mismo» con la que se publicitaba el oráculo de Delfos, para convertirla en el lema de su filosofía, que era un examen incesante de su persona y de los demás, reconociéndose ignorante, y buscando los valores morales.

Sin revelación divina, la búsqueda de los valores debía hacerse por un proceso analítico al que llamó mayéutica (obstetricia), consistente en reiteradas interrogaciones que llevarán a una reflexión más profunda y al descubrimiento de los universales o eido (idea, representación, imagen. De allí toma el nombre el vocablo «idealismo»).

Platón plantea claramente cómo era el método socrático. Sócrates, por ejemplo, preguntaba: «¿Qué es la virtud?» Las respuestas eran diversas. Algunos respondían: «Cuando un gobernante sabe mandar, hacer bien a los buenos, y mal a los enemigos; cuando es reflexivo, prudente, valiente, es virtuoso.»

Sócrates replicaba: «Esos son ejemplos de virtud, pero en todos ellos late lo esencial, una forma común». Y trataba de encontrar esa forma que era el universal.

Platón (427-347 a.C.) su discípulo, perteneciente a la aristocracia ateniense, comienza donde termina Sócrates. Define a los valores como absolutos, intangibles, inmutables, eternos. En la realidad los ve desfigurados, errados, desviados, pero entiende que tienen una misma esencia. Por eso Platón habla de una esfera de entidades ideales: Allí están el bien, la justicia, el hombre, la belleza, etc., todos perfectos. Los hombres aspiramos a alcanzarlos.

Tuvo que explicar, entonces, de dónde se originaba nuestro conocimiento de esos valores ideales que tanto nos esforzábamos por alcanzar. Explica luego que en una existencia anterior habíamos visto estas entidades o ideas en los dioses y que ahora teníamos la reminiscencia de ellas.

El famoso mito de las cavernas, que desarrolla en La República ilustra su filosofía: Los hombres son como prisioneros amarrados frente a la pared de una caverna, no pueden volver la cabeza porque están encadenados. Detrás de ellos van pasando todos los objetos. No pueden verlos, pero observan las sombras que producen en la pared que tienen en frente. Un gran fuego a sus espaldas proyecta esas sombras. Los prisioneros creen que la realidad es la sombra que tienen delante. Pero la realidad es inalcanzable, está detrás de ellos. Si pudieran volverse verían la verdadera realidad.

Para Platón el hombre ve solo imágenes deformadas e incompletas de la realidad, y tiene que decidirse a mirar, buscar la verdad, penetrar en el mundo de las ideas, contemplar los arquetipos.

La conclusión es la siguiente:

> «En los últimos límites del mundo inteligible yace la idea del bien, que se percibe con dificultad, pero no podemos llegar a

percibirlo sin arribar a la conclusión de que es la causa universal de cuanto existe de recto y bueno; que en el mundo visible crea la luz y el astro que la dispensa; que en el mundo inteligible, engendra y procura la verdad y la inteligencia; y que, por lo tanto, debemos tener fijos los ojos en ella para conducirnos sabiamente, tanto en la vida privada como en la pública» (La República, Libro VII).

Platón ha partido de la idea y llega a intuir una presencia perfecta, más allá de todas las cosas visibles. Es notable que en ocasiones habla con el lenguaje politeísta, popular en su tiempo, pero en otras ocasiones se refiere a Dios como si fuera único.

Conclusión

Los griegos habían comenzado un proceso intelectual de descubrimientos morales. Partieron negando la culpa personal y la responsabilidad, pero iniciaron un camino guiados por la única revelación que tenían a su alcance: Las cosas creadas. En este camino de búsqueda llegaron a los linderos del conocimiento autónomo. «Verdad, virtud, bien, bondad», fueron palabras incorporadas a su vocabulario. Pero no pudieron concretarlas en su realidad cotidiana.

Capítulo 3: El hombre de Occidente

La civilización occidental reconoce la doble herencia de las culturas griega y hebrea. La comparación de esas culturas demuestra que son muy pocas las cosas que tienen en común.

Su concepción del hombre, la historia, la religión, la ética no solo son diferentes, son antagónicas.

La diferencia fundamental

El origen de esta diferencia yace en la misma base sobre la que se desarrollan estas culturas: Mientras los hebreos fundamentan su pensamiento y su vida en la revelación escrita de Dios, indiscutible, permanente y perfecta; los griegos van a la deriva de sus razonamientos.

Son dos formas de pensar diferentes: El hebreo razona, pero siempre con un punto de referencia permanente: La ley escrita. Ella es el patrón, la vara de medir, con que evalúa su propio razonar.

En el principio de su libro, luego de la creación, se habla de la caída del hombre. Esa caída lo afecta en todos los niveles, y sabe que aun su pensamiento y consecuentemente todos sus razonamientos son afectados por el pecado.

La única forma de evitar el error es sujetando el pensamiento al Libro de Dios, donde está la verdad. Toda su vida, por lo tanto, estará referida a esa revelación de Dios: La Biblia.

El griego, huérfano de revelación escrita, no tiene patrón para su razonamiento. Su pensamiento es totalmente autónomo. Esa autonomía está regida por la lógica.

Es por eso que con Aristóteles (384-322 a.C.) la lógica se transforma en ciencia. A sus escritos lógicos los llamó Organon que significa «instrumento», y los tituló así porque consideraba a la lógica como el medio apropiado para alcanzar la verdad.

Por lo tanto, desprendidos de toda norma externa, sujetos solo a los mecanismos de su razonamiento, los griegos se lanzaron a esa búsqueda de la verdad.

No es que con su racionalismo se hayan desprendido de toda religiosidad, Platón escribe sobre la piedad y Aristóteles sobre la oración, pero el Dios que llega a concebir Aristóteles no es más que el motor de la creación.

El problema se suscita con los planteos éticos. Para los hebreos la ética es sólida: Está claramente establecida en la «Ley Revelada». Los Diez Mandamientos no dejan lugar a dudas.

Pero la ética de Aristóteles no deja de ser endeble. Ante la pregunta: ¿Cuándo es bueno el hombre? Aristóteles responde: «Cuando procede como hombre inteligente, como lo exige la recta razón. Esta se halla presente siempre que nuestro proceder es "bello", el cual es bello cuando observa el justo medio entre lo demasiado y lo demasiado poco».

¿Cómo pueden estas dos culturas encontrarse en la historia? ¿Cómo pueden llegar a ser el fundamento del mundo occidental? Falta la acción renovadora y purificadora del cristianismo.

El advenimiento de Cristo

«Pero cuando vino el cumplimiento del tiempo, Dios envió a su Hijo, nacido de mujer y nacido bajo la ley, a fin de que recibiésemos la adopción de hijos» (Gálatas 4.4)

Muchas son las interpretaciones que se han dado a la frase «cuando vino el cumplimiento del tiempo» y todas son válidas.

Era «el tiempo» porque el Imperio Romano al extenderse convierte a gran parte del mundo antiguo en una «aldea global», que permite el desplazamiento de los hombres de un pueblo hacia otro, facilita las vías de comunicación, unifica la lengua, establece un orden común, etc.

Era «el tiempo» porque los relojes proféticos de Dios apuntaban a ese momento, y la hora señalada estaba establecida en la antigüedad.

Pero también era «el tiempo» porque se habían abierto todos los interrogantes sobre el universo, la ética, la culpa, etc., el hombre había llegado al borde de su universo y necesitaba una respuesta que ya no podían encontrar los griegos en sus razonamientos ni los hebreos en su religión organizada.

Por eso no es necesario que el escenario del advenimiento de Jesucristo sea Roma o Atenas, para que alcance difusión. Basta con que comience su ministerio en la última provincia, Galilea, del último rincón del imperio, Israel. El mensaje se difundirá como reguero de pólvora por los caminos imperiales.

Pero los caminos romanos no van a ser más que instrumentos, canales, medios. El Evangelio de Jesucristo va a correr porque en todos lados se ha generado la avidez por recibir una respuesta espiritual profunda.

En Galilea, con galileos, Jesucristo comienza su ministerio. Cuando lo culmine 120 galileos son los encargados de transmitir el mensaje por primera vez. Y el Espíritu Santo desciende sobre la tierra seca de los corazones, ávidos, necesitados, sedientos del mensaje de vida.

Crítica a la cultura hebrea

Todo el ministerio de Jesucristo está jalonado por una constante crítica a la religiosidad exterior impuesta por el poder religioso. Fariseos y saduceos fueron fuertemente censurados en reiteradas ocasiones.

Ya Juan el Bautista, como precursor, comenzó a censurarlos con dureza:

«Al ver él que muchos de los fariseos y de los saduceos venían a su bautismo, les decía: ¡Generación de víboras! ¿Quién os ha enseñado a huir de la ira venidera?» (Mateo 3.7).

Y posteriormente el Señor Jesucristo no ahorró calificativos al ponerlos en evidencia:

«¡Ay de vosotros, escribas y fariseos, hipócritas!»
«¡Ay de vosotros guías ciegos!»
«¡Insensatos y ciegos!»
«¡Necios y ciegos!»
«¡Guías ciegos!»
«¡Serpientes, generación de víboras!» (Mateo 23)

Respetuoso de la Ley de Moisés, y sujeto a ella, Jesucristo censuraba la superficialidad religiosa que había convertido el cumplimiento del más grande de los códigos éticos en un conjunto de preceptos ceremoniales y rituales, y la moral en simple formalismo religioso.

«No penséis que he venido a abrogar la ley o los profetas, no he venido para abrogar, sino para cumplir», clamaba Jesús en el Sermón del Monte (Mateo 5.17). Rescataba así las bases divinas de la cultura hebrea, pero la purificaba de toda la perversión que la decadencia religiosa le introdujo.

No menos cáustico es al censurar a los saduceos. Aunque los fariseos ponían el énfasis en los ritos y las ceremonias, se habían constituido en un partido materialista que negaba importantes realidades espirituales (Hechos 23.8).

Los acusaba de error e ignorancia: «Entonces respondiendo Jesús les dijo: Erráis, ignorando las Escrituras y el poder de Dios» (Mateo 22.29)

Todas esas críticas evidenciaban que el hombre religioso hebreo, máximo exponente de esa cultura, había degenerado, convirtiéndose en un factor corrupto y corruptor. Así lo señaló el Señor comparándolos con sepulcros:

«Sois semejantes a sepulcros blanqueados, que por fuera, a la verdad, se muestran hermosos, mas por dentro están llenos de huesos de muertos y de toda inmundicia» (Mateo 23.27)

«Sois como sepulcros que no se ven, y los hombres que andan encima no lo saben» (Lucas 11.44)

En la primera comparación señala su corrupción, la que ocultan bajo la fachada de santidad. Una descripción acabada de su hipocresía.

En la segunda, muestra el efecto corruptor. Son «sepulcros que no se ven». Pisar un sepulcro era contaminante para el judío, y Jesús compara el contacto con el fariseo como una forma inconsciente de contaminarse.

El apóstol Pablo, al escribir a los romanos, formula un análisis crítico del judaísmo, denunciando que la enseñanza no concordaba con las acciones y señalando los resultados nefastos que eso tenía no solo en ellos, sino también en quienes entraban en contacto con la cultura hebrea:

«Tú, pues, que enseñas a otro, ¿no te enseñas a ti mismo? Tú que predicas que no se ha de hurtar, ¿hurtas? Tú que dices que no se ha de adulterar, ¿adulteras? Tú que abominas de los ídolos, ¿cometes sacrilegio? Tú que te jactas de la ley, ¿con infracción de la ley deshonras a Dios?

Porque como está escrito, el nombre de Dios es blasfemado entre los gentiles por causa de vosotros» (Romanos 2.21-24).

La hipocresía desbordante se evidenciaba aun en quienes no compartían la fe de los judíos y rechazaban no solo a los religiosos, sino también a su Dios.

Crítica a la cultura griega

«Profesando ser sabios, se hicieron necios, y cambiaron la gloria de Dios, incorruptible en semejanza de imagen de hombre corruptible, de aves, de cuadrúpedos y de reptiles» (Romanos 1.22-23). Con esta apretada síntesis el apóstol Pablo define la situación espiritual de la cultura griega.

El razonamiento caído dio tristes resultados. Los que comenzaron buscando la verdad y la virtud, terminaron practicando la corrupción y la mentira. Pero es más, la justificaban con sus razonamientos.

Sutilmente muestra la degradación a través de la sustitución paulatina de sus modelos. Habían comenzando entronizando al hombre, «medida de todas las cosas», pero lentamente lo fueron rebajando hacia la escala zoológica, degradándolo cada vez más, quitándole vuelo, y transformándolo por último en un reptil.

El pecado fundamental no fue que razonaran, sino que ejercitaran un pensamiento autónomo, ignorando deliberadamente la autoridad de Dios, que se mostró a ellos a través de la creación, investigada por los presocráticos, pero que no había sido objeto de temor ni reverencia: «Habiendo conocido a Dios, no le glorificaron como a Dios, ni le dieron gracias, sino que se envanecieron en sus razonamientos y su necio corazón fue entenebrecido» (Romanos 1.21).

Los griegos, amantes de la belleza física, no titubearon en practicar toda desviación sexual, justificándola con sus razonamientos. El apóstol se expresa con mucha claridad sobre el tema de la homosexualidad (Romanos 1.26-27). Pero este es solo un aspecto.

La corrupción terminó afectando a toda su cultura:

«Estando atestados de toda injusticia, fornicación, perversidad, avaricia, maldad; llenos de homicidios, envidias, contiendas, engaños y malignidades; murmuradores, detractores, aborrecedores de Dios, injuriosos, soberbios, altivos, inventores de males, desobedientes a los padres, necios, desleales, sin afecto natural, implacables, sin misericordia» (Romanos 1.29-31).

Todo esto es consecuencia de una acción directa de Dios, que «los entregó a una mente reprobada para hacer cosas que no convienen» (Romanos 1.28). Los griegos alteraron su conciencia moral, y Dios «los entregó», es decir los dejó obrar según sus perversos deseos y se transformaron en corruptos y corruptores.

El nuevo hombre

Las dos culturas fueron puestas bajo el lente escrutador de Dios, y se evidenciaron sus males. Sin embargo, el propósito redentor se manifiesta dentro de la menos relevante en la época, la cultura hebrea, y rápidamente se extiende por todo el mundo grecorromano.

La acción del cristianismo va a transformar la vida de los hombres por el poder del Espíritu Santo, pero también va a cambiar la fisonomía de toda una cultura. En términos paulinos, la obra de Jesucristo «de ambos pueblos hizo uno, derribando la pared intermedia de separación aboliendo en su carne las enemistades, la ley de los mandamientos expresados en ordenanzas, para crear en sí mismo de los dos un solo y nuevo hombre...» (Efesios 2.14-15).

La pared que separaba en el Templo de Jerusalén a gentiles y judíos era todo un símbolo de la división de las dos culturas. La cultura hebrea encerrada en sí misma, rodeada de un fuerte muro, impenetrable. Dentro de los muros, la ley de Dios. Afuera, los gentiles, los herederos de la cultura vagando según sus propios principios. Y la acción de Jesucristo destruyendo la pared intermedia de separación, atomizándola.

Pero no es la fusión de dos culturas, sino tomar los dos hombres, con sus características, y unirlos a Jesucristo, para que pudiese crearse en él un nuevo hombre.

En este nuevo hombre está el arquetipo de lo que tendría que ser el hombre occidental. Tanto la cultura hebrea como la griega hacen aportes positivos, pero se necesita el «nuevo nacimiento» espiritual, que no desprende al hombre de su cultural, sino que lo purifica de todo lo pecaminoso y corrupto.

El hombre occidental

Como en todo proceso es difícil determinar un punto en el que se sitúe el cambio. Por eso vamos a poner dos ejemplos.

¿Cuándo comienza a verse la semilla de lo que va a ser el hombre occidental?

Volvamos a Sócrates. Culmina la primera fase de un proceso, y comienza otra. El hombre se vuelve sobre sí mismo, deja de indagar en el universo y comienza a bucear en su interioridad.

«Conócete a ti mismo» va a ser la síntesis de la filosofía socrática, en la que el alma se torna sobre sí misma, sobre su propia esencia. Encuentra que lo más grande y digno de estudio es el hombre, y comienza así la indagación más apasionante: El conocimiento de sí mismo.

En ese momento despunta lo que va a ser el hombre occidental. ¿Cuándo tenemos al hombre occidental concreto?

Tomemos un episodio del libro de los Hechos de los Apóstoles que tiene por protagonista a Pablo: Este está en Filipos, y es acusado falsamente. Los magistrados, haciendo caso omiso de su condición de ciudadano romano, ordenan rasgarles las ropas y azotarlo con varas ante todo el pueblo. Posteriormente lo ponen en el cepo, el lugar de máxima seguridad.

La sanción demagógica logra el objetivo de calmar los ánimos, pero al otro día las autoridades ordenan soltarlo. El carcelero les dice: «Salid y marchaos en paz».

Vale la pena transcribir la respuesta de Pablo:

«Después de azotarnos públicamente, sin sentencia judicial, siendo ciudadanos romanos nos echaron en la cárcel, ¿y ahora nos echan encubiertamente? No, por cierto, sino vengan ellos mismos a sacarnos» (Hechos 16.37).

Injustamente les habían quitado la libertad. Restituírsela era para los funcionarios reparar lo hecho. Pero tropezaron con la actitud de Pablo.

Para el apóstol la libertad y la dignidad son parte de sus derechos, y la ley está por encima de todos los hombres. Por eso se niega a salir de la cárcel. Pide entonces que se respete el derecho, se restituya la dignidad y que los funcionarios asuman su responsabilidad. No basta con la libertad si ella es el resultado del derecho vulnerado y la dignidad perdida.

Ese hombre solo frente al poder, sin apoyo popular, que se levanta para desafiar a la corrupción y exigir justicia y respeto, lo hace porque sabe que cada hombre es la imagen de Dios y merece ser respetado como tal, y que no hay autoridad sino de parte de Dios. Este hombre une fe y razón en la búsqueda de una libertad digna.

Este apóstol Pablo es el arquetipo del espíritu de occidente.

El apóstol Pablo

Pablo reúne en sí mismo características muy peculiares. Fue formado en el judaísmo por Gamaliel —uno de los maestros más respetados de su tiempo—, hebreo de puro linaje, comprometido con la fe de su pueblo, militante en el fariseísmo y de conducta irreprensible (Filipenses 3.4-6).

Sin embargo, es ciudadano romano por nacimiento y posee una sólida formación griega. Con toda propiedad enfrenta a epicúreos y estoicos en Atenas y cita repetidamente a los escritores helenos.

En sus escritos puede referirse con profundo conocimiento a la historia y a las costumbres de su pueblo, interpretando el texto bíblico con toda pulcritud. Pero defiende sus argumentos enfrentado a un hipotético adversario, desarrollando una apologética digna del mejor de los intelectuales griegos.

Sube a Jerusalén y se comporta como un judío cabal. Pero lo buscan para pastorear la iglesia en Antioquía que será el polo de desarrollo misionero hacia occidente.

Nada de lo hebreo ni de lo griego le es ajeno. En la compañía de ambos está cómodo. La fe y la razón conviven en él sin estorbarse, y un profundo sentido de libertad interior impregna cada uno de sus actos. Aun encadenado, desafía al rey Agripa a ser como él, añadiendo «excepto estas cadenas» (Hechos 26.29).

La clave de todo eso yace en el camino a Damasco. En ese camino su vida fue revolucionada por Jesucristo. Todo lo que para él era estimable perdió valor frente a la excelencia del conocimiento de Jesucristo, al que llama «mi Señor» y por quien está dispuesto a entregar su propia vida.

Heroico en su debilidad, lleva su profesión de fe hasta el fin, y escribe su propio epitafio: «He peleado la buena batalla, he acabado la carrera, he guardado la fe». Sintetiza en pocas palabras la concepción occidental de la vida: La existencia terrenal es una batalla situada en el devenir del tiempo, donde el gran tesoro que la sostiene y enriquece es la fe, que constituye también el motivo de la lucha.

El espíritu de occidente

Tres palabras pueden definir el espíritu de occidente: razón, fe y libertad.

Razón

El hombre occidental es el primero que se desprende de los mitos y coloca a la razón por encima de la imaginación. Emprende una lucha por vencer sus tendencias irracionales. El camino de la razón lo lleva a sistematizar el conocimiento, acumularlo, y como consecuencia se desarrolla científica y técnicamente.

Fe

La fe asume una forma distinta, alejada de todas las manifestaciones míticas paganas. Es una fe sostenida en la razón y es razonable, nunca es irracional o antirracional sino suprarracional. La fe va —en el hombre occidental— de la mano de la razón, sin que haya enfrentamientos. Se acompañan como lo racional y lo suprarracional.

Libertad

Entendida como señorío, como cumplimiento del mandato edénico: «Señoread...» La libertad no es para hacer lo que se quiere, sino lo que se debe. Por eso es —ante todo— interior, dominio de sí mismo, conquista de su propio yo. Una libertad que es consecuencia del conocimiento de la verdad científica y espiritual, resultante de la fe y la razón. Libertad que tiene a Jesucristo como Artífice y Dador Supremo.

El mundo al que predicamos

Capítulo 4: Renacimiento humanista y la reforma protestante

Para entender el rumbo que actualmente sigue la sociedad occidental, tenemos que dar un salto histórico hasta el Renacimiento.

La Edad Media estaba profundamente interesada en el destino sobrenatural del hombre, aun cuando no en el hombre como ser natural. Sus ojos se elevaban con insistencia al cielo, pero olvidaban la tierra. Sus investigaciones se centraban en los misterios teológicos, pero descuidaron lo científico. Exploraban los misterios de la fe, y se olvidaban de investigar la naturaleza.

Las monumentales catedrales góticas desde el siglo XIII expresaban con claridad las aspiraciones del hombre medieval. Los arcos ojivales, terminados en punta de lanza, guían la mirada de los fieles hacia las alturas, las torres hunden sus afiladas agujas en el cielo pregonando la esperanza en la otra vida.

En la punta de cada una de sus agujas, inalcanzables para el ojo humano, se colocan estatuas minuciosamente acabadas. El hombre de hoy se preguntaría la razón de tanta perfección inaccesible en su mayor parte al ojo humano, pero el hombre medieval tenía sus razones: La opinión de los hombres poco importaba, lo importante era que Dios las veía.

El trabajo de construcción se prolongaba de generación en generación, y en cada una de ellas se daban cita picapedreros, carpinteros, fontaneros, escultores, etc., en un trabajo colectivo que mantenía en el anonimato a las individualidades, por descollantes que fuesen. Es que el hombre medieval tenía una conciencia del tiempo distinta a la del hombre moderno: Vivía con conciencia de eternidad.

Cada una de estas catedrales estaba enclavada en medio de caseríos que no condecían con su magnificencia, y las dimensiones de sus naves permitían albergar a toda la población, ya que no se concebía que nadie quedara fuera en las grandes ceremonias.

Los mosaicos y pinturas medievales no respetan las proporciones ni la perspectiva: cristos y vírgenes desproporcionados en relación a los otros elementos de la composición. El espacio no responde a las leyes físicas, ni trata de reproducir las dimensiones de las cosas de acuerdo a lo que el ojo ve: Muestra jerarquías, responde a las leyes sagradas del espíritu.

El despertar del medioevo

Como si despertara de un largo sueño, el hombre comienza —al final del medioevo—, a redescubrir el paisaje, la naturaleza y su propio cuerpo.

Francisco de Asís (1182-1226), es un precursor en su contemplación y amor por la naturaleza, es como si bajara los ojos de los dorados cielos del arte medieval, para redescubrir la belleza que lo rodea. El «Cántico del hermano Sol» es una muestra de lo que decimos:

> Loado, mi Señor, seas por todas las criaturas
> Sobre todas ellas por mi Señor hermano el Sol.
> Con su lumbre y su luz nos da el día.
> ¡Cuán bello es y esplendoroso!
> Él lleva tu representación
> ¡Oh Dios Altísimo!
> Por el hermano viento;
> Por el Aire, la Nube, las Estrellas
> y por la hermana Luna seas loado Señor,
> qué bellas y claras cosas en el cielo hiciste.

En este despertar hay una actitud de deslumbramiento y amor por la naturaleza. Pero al avanzar el tiempo hacia el Renacimiento, ese amor se transforma en deseo de dominio: Emerge el pensamiento científico.

En los siglos XV y XVI los hombres van a poner en duda muchas afirmaciones de la Iglesia y la filosofía escolástica. Ya no aceptarán las cosas dogmáticamente para lanzarse a la aventura de ver, conocer, comprobar, juzgar, medir y evaluar por sí mismos.

Las discusiones teológicas dan paso a las investigaciones científicas, porque, sin dejar de ser creyentes, entendieron que había otros centros de interés aparte de la teología.

La Edad Media desarrolló el sentimiento comunitario del hombre, pero ahora comienzan a surgir las individualidades. El hombre quiere sobresalir en su sociedad, busca liberarse de trabas y prohibiciones. Todo ello, válido en sí mismo, provoca algunos excesos y corrompe algunas buenas costumbres.

Muchos han definido este despertar como el abandono de la visión teocéntrica de la vida, para desplazarse hacia una perspectiva antropocéntrica. Esto es relativamente cierto, porque tendríamos que discutir si el hombre medieval tenía una visión teocéntrica o eclesiocéntrica de la vida. El teocentrismo medieval no surgía de la Biblia, sino de la enseñanza que imponía la jerarquía eclesiástica.

El Renacimiento

Como en la Edad Media no había interés por el hombre como ser natural, en este proceso de cambio la gente dirigió su mirada al pasado clásico. El arte griego y romano los deslumbró. El hombre estaba allí en su dimensión natural. Comenzaron a leer las obras de los antiguos y a reconsiderar sus artes plásticas y literarias a la luz de lo que descubrían. Surgió entonces el interés por la geografía, la astronomía, las ciencias naturales, etc.

Fue como si en ese despertar abrieron los ojos a una nueva realidad, sepultada durante siglos, que ahora renacía. De allí el nombre de Renacimiento: Renacía el espíritu griego y romano que permaneció dormido por casi un milenio.

Los antiguos comenzaron a inspirarlos. Se construían casas, palacios, iglesias, según los modelos arquitectónicos clásicos; comenzaron a pintar y esculpir siguiendo los modelos griegos, reproduciendo con precisión la anatomía, guardando las proporciones y estudiando la perspectiva.

Es entonces cuando las figuras coaguladas del arte medieval se ablandan: Comienzan a humanizarse, a cobrar vida y vitalidad. Los desproporcionados cristos y vírgenes de antaño dan paso ahora a cristos y vírgenes humanos, que se identifican, no por su tamaño, sino por las aureolas que los coronan, y que van siendo cada vez más difusas.

De la actitud estática del arte anterior, se pasa a las figuras vivaces que entran en contacto directo con quien las contempla, quien no solo observa sino que se siente observado por las imágenes. El hombre, en todo su esplendor, va a ser el tema recurrente de los renacentistas.

Leonardo da Vinci (1452-1519), aconseja en sus apuntes a un artista: «Dispón luego las figuras de hombres vestidos o desnudos de la manera que has propuesto, sometiendo a la perspectiva las magnitudes, para que ningún detalle de tu trabajo resulte contrario a lo que aconsejan la razón y los efectos naturales».

Leonardo es el típico hombre del Renacimiento. Inquieto investigador, creía que nada le era ajeno, fue: pintor, escultor, arquitecto, ingeniero, inventor, matemático, naturalista. Pinta la Mona Lisa, la Última Cena, escribe un Tratado de anatomía, diseña máquinas de guerra para Cesar Borgia, proyecta una hélice que se considera la anticipación del helicóptero; diseca cadáveres, trata de construir corazones mecánicos, le practica la autopsia a una mujer encinta para averiguar el origen de la vida; construye represas y puentes. Sus cuadros, sutiles y etéreos, son pintados sobre rígidos esquemas geométricos, donde se funden vida y matemática.

«¡Quiero hacer milagros!» exclama en su diario, sintetizando las ansias ilimitadas del hombre del Renacimiento. A través de la razón y la investigación surge nuevamente la tentación del principio: «Seréis como Dios...»

Cuentan que fascinado por su propia obra, Miguel Ángel (1475-1564) exclamó, golpeándola: «¡Habla!» Veraz o no, la anécdota refleja el espíritu y las aspiraciones de una época.

El humanismo renacentista

Los humanistas fueron pensadores que, enfatizando la razón, criticaron al clero, la Iglesia, el poder civil y las costumbres supersticiosas legadas por la Edad Media, exaltando el pensamiento clásico. La concepción humanista se centra en el hombre como punto de partida para conocer a Dios, la naturaleza, la vida y a sí mismo.

Admiraban a Sócrates, porque su filosofía no se centraba en los dioses sino en los hombres, y atacaban duramente a la filosofía escolástica por sus preocupaciones teológicas y su énfasis en Dios.

Los términos humanista y humanismo derivan del vocablo clásico humanista, utilizado por Cicerón para traducir la palabra paideía, que significaba educación o cultura. Sostenían los humanistas que aprender y educarse eran propios del hombre, por lo cual su interés primordial era la actividad intelectual.

Creían que todo lo que el hombre necesitaba saber se encontraba en la literatura de la Grecia y la Roma clásicas, porque se dedicaban con fruición al estudio del pensamiento antiguo.

El hombre, para los humanistas, era innatamente bueno, y si se dejaba entrar la luz de la razón en la sociedad se acabarían los males de la humanidad.

El humanista más destacado fue Erasmo de Rotterdam (1446-1536), considerado el hombre más civilizado de su época. Mediante la ironía y la sátira criticaba al clero, la Iglesia y el poder civil. Pensaba que la educación y la denuncia de los males podía reencauzar a la sociedad.

Alejado de todo fanatismo, partidario de la libertad de pensamiento, la moderación, el equilibrio, procuraba siempre la conciliación. Rechazaba el dogmatismo de la Iglesia medieval, pero también le disgustaba lo que consideraba el fanatismo de los reformadores.

Quería equilibrar la investigación científica con la enseñanza de la filosofía y la literatura, porque pensaba que de no ser así se caería en el materialismo.

Estaba contra el belicismo y el despotismo, pretendiendo de los hombres una conducta noble, basada en lo que llamaba la «filosofía de Cristo».

La invención de la imprenta de tipos movibles facilitó la difusión del pensamiento humanista, lo que despertó una profunda devoción por las artes y las ciencias, y fomentó el método crítico basado en la experimentación y comprobación de los fenómenos.

El humanismo valorizó al individuo e hizo que no se sintiera un habitante accidental de la tierra, sino que se considerara un ser único que marca cada acto de su vida con el sello de su individualidad.

La Reforma protestante

La Iglesia con su poder centrado en Roma, era desde hacía siglos la institución más poderosa de toda Europa. Estaba presente en cada acto de la vida de todos los hombres: Al nacer, para darle el sacramento del bautismo; al morir, para enterrarlo. Ningún habitante escapaba a su omnímodo poder: reyes, príncipes, nobles, plebeyos, sacerdotes, laicos, todos estaban sometidos a ella.

La administración de los sacramentos, la confesión auricular, los tribunales de la Inquisición, eran herramientas útiles para mantener su primacía.

La Iglesia era autoritaria, sacerdotal y sacramental. El clero era una casta aparte dentro de la sociedad, tenía el poder milagroso, según su doctrina, de convertir en la eucaristía al pan y el vino en cuerpo y sangre de Jesucristo, milagro que repetían y administraban a los hombres en cada misa. La Iglesia interpretaba arbitrariamente las Sagradas Escrituras, cuya lectura estaba vedada al pueblo.

Cualquier sospecha de «herejía» ponía en marcha a los Tribunales de la Santa Inquisición que a través de torturas horrendas sacaban «confesiones» a los presuntos herejes y los condenaban a formas crueles de muerte.

Todo esto iba acompañado de innumerables abusos. Muchos clérigos tenían conductas escandalosas, las jerarquías hacían despliegue y ostentación de una riqueza superior a la de los reyes, los papas tenían hijos ilegítimos, compraban y vendían cargos eclesiásticos y dispensas. Acceder a un cargo eclesiástico era un negocio lucrativo en el cual se cobraban los servicios sagrados como si fueran vulgar mercadería.

La veneración de las reliquias era importante fuente de ingreso en las parroquias que ostentaban algún hueso u objeto relacionado con los santos o con Jesucristo, atribuyéndoles poderes milagrosos para atraer al pueblo. Con una falta total de escrúpulos se llegaron a exhibir para su veneración en Europa doce cabezas de Juan el Bautista.

Este estado de cosas hizo que muchos comenzaran a reflexionar en cuanto a la Iglesia y el cristianismo siguiendo la corriente abierta por el Renacimiento: Volver a las fuentes.

La fuente del cristianismo es la Sagrada Escritura, por lo que su estudio puso en evidencia que ese monstruo corrupto y corruptor cuya cabeza estaba en Roma, poco tenía que ver con el cristianismo enseñado por los apóstoles. Las claras verdades de la Biblia habían sido reemplazadas por doctrinas de factura humana que le aseguraban el poder a la religión.

Se perdió la esencia misma de la fe cristiana, liberadora del hombre, y se volvió a instaurar el sacerdocio y el altar, convirtiendo a la religión en un factor de poder despótico.

La Reforma no se produce por los excesos de la Iglesia, sino porque esos excesos evidenciaban que el catolicismo medieval nada tenía que ver con el cristianismo bíblico, por lo tanto debía ser desarticulado.

No se pretendía una reforma de las costumbres de la Iglesia, sino un cuestionamiento de su teología, la teoría sacramental, la autoridad divina de los sacerdotes, las buenas obras como complemento indispensable de la fe para alcanzar salvación.

Los reformadores rechazaban todo lo que no estuviese sancionado expresamente en las Sagradas Escrituras, tanto en la doctrina como en las prácticas populares, por eso se opusieron al sistema sacramental, aunque también a las desviaciones del culto supersticioso del medioevo expresado en la adoración a la virgen María y las reliquias, la intercesión de los santos, la creencia en el purgatorio, etc.

Martín Lutero (1483-1546), en octubre de 1517, da inicio a lo que sería el movimiento espiritual más importante desde la época apostólica, al clavar las famosas «95 tesis» contra las indulgencias, en la puerta de la abadía de Wittenberg. En menos de cuarenta años la reforma avanzaría en tal forma que haría pedazos el poder absolutista papal negándole a Roma su derecho a interpretar autoritariamente las Sagradas Escrituras, administrar sacramentos, dar autoridad divina a sus ministros y arrogarse el derecho de controlar, a través de sus sacerdotes, el acceso a la salvación.

Lutero alzó la bandera de la apostólica doctrina de la justificación por la fe, desarrollada por Pablo en la epístola a los Romanos. Esta exhumación de la doctrina archivada por la Iglesia de Roma, comienza a devolverle al cristianismo su figura primitiva.

Las dos fórmulas bases de su enseñanza serán: Sola fide (solo por la fe) y Sola scriptura (solo las Escrituras). Partiendo de la condición depravada del hombre, enceguecido por el pecado, solamente la gracia de Dios puede salvarlo, y esta gracia se alcanza solo por la fe. El hombre, por lo tanto, carece de mérito en su salvación, correspondiendo todo a la misericordia de Dios. Las Sagradas Escrituras son la única fuente de verdad, y deben ser analizadas individualmente porque son fáciles de entender y la guía del Espíritu Santo ayuda en forma individual a su comprensión.

Los reformadores negaban todo el mecanismo sacramental y el valor de las buenas obras en la salvación, así como también la pretendida guía del Espíritu Santo a través de la Tradición, los Papas y la Iglesia.

La convicción de los reformadores es claramente expuesta en el discurso de Lutero ante la Dieta de Worms cuando le solicitaron su retractación:

«Nadie puede negar ni disimular —porque la experiencia lo prueba y los corazones píos lo lamentan— que por las leyes y la doctrina humana del papa la conciencia de los creyentes cristianos ha quedado enredada, gravada y torturada de la manera más horrible y lastimosa... Si revocase estos libros, no haría otra cosa que reforzar la tiranía de aquéllos y abrir a tal impiedad e irreligiosidad no solo la ventana, sino también la puerta y el portón, para que más amplia y libremente puedan hacer estragos y desencadenar su furia más allá de lo que han podido hacer hasta ahora... Como vuestras Majestades y vuestras Mercedes, Señores Príncipes Electores y Príncipes desean una contestación sencilla, simple y precisa, daré una respuesta que no tenga ni cuernos ni dientes, a saber, salvo el caso de que me venzan y me refuten con testimonios de las Sagradas Escrituras o con argumentos y motivos públicos, claros y evidentes —puesto que no creo ni en el papa ni en los concilios solos, porque es manifiesto y patente que han errado frecuentemente y se contradicen a sí mismos y como yo con los pasajes citados y aducidos por mí estoy convencido y mi conciencia está ligada a la Palabra de Dios—, no puedo ni quiero retractarme, porque no es seguro ni aconsejable hacer algo contra la conciencia. Aquí estoy, no puedo proceder de otra manera. ¡Que Dios me ayude! Amén».

Reacción de la iglesia papal

La reacción de la «Iglesia Romana Papal», amenazada en sus intereses y al borde de la quiebra, no se hizo esperar. Convocó al concilio más trascendente de su historia: el de Trento, en el año 1545.

Si bien el propósito era volver a definir las doctrinas de la Iglesia resultó en una confirmación de los dogmas cuestionados. Se confirmó la teoría de los sacramentos como medios indispensables de gracia, la transubstanciación del pan y el vino en cuerpo y sangre de Jesucristo, la sucesión apostólica del sacerdocio, la fe en el purgatorio, las necesidades de las buenas obras para la salvación; se equiparó la autoridad de las Sagradas Escrituras con la de la tradición eclesiástica, se sostuvo la autoridad de los concilios.

La Iglesia de Roma se convertía así en lo que hoy es la Iglesia Católica Apostólica Romana en forma oficial, reafirmando su vocación absolutista, sacramentalista y sacerdotal. Ya en el sacerdocio y el altar dejaban de ser relevantes infiltrados en el cristianismo para convertirse en un sistema oficialmente aceptado y confirmado.

Cuando el concilio estaba culminando establecieron una comisión para que elaborara un «Índice de Libros Prohibidos», mecanismo que se agregó a los anteriores para evitar que la libertad de conciencia atentara contra sus aspiraciones absolutistas.

En síntesis, la iglesia papal confirmó los principios medievales y en una actitud regresiva toma el camino hacia el pasado. Persistirá hasta el presente suspirando por el poder perdido y luchando por volver a la Edad Media.

Reforma y humanismo

Sería un grave error equiparar a la Reforma con el humanismo, aunque muchos humanistas simpatizaron con los reformadores.

Ambas corrientes compartían algunas cosas, como su afán por retornar a las fuentes. Pero tenemos que notar que si bien tienen la misma intención, sus fuentes van a ser distintas y antagónicas. El humanismo retorna a Grecia y Roma, su arte, su literatura, su filosofía pagana y cree hallar en el razonamiento el camino por el cual el hombre mejora su existencia, y en la educación la forma de transformación social.

La Reforma retorna a las Sagradas Escrituras como fuente de autoridad absoluta, y descree del razonamiento humano, afectado por la caída, como medio para restaurar al hombre. La gracia de Dios hace que la sola fe en Jesucristo sea el medio de salvación y transformación del hombre.

Para los humanistas lo esencial era el goce de esta vida y se mantenían apáticos ante lo espiritual, pero los reformadores menospreciaban las cosas carnales y tenían una clara visión de eternidad.

El rechazo que los reformadores hicieron de la intermediación sacerdotal para dar paso a una relación directa con Dios, así como la traducción de la Biblia al lenguaje popular para que el pueblo tuviera acceso al Texto Sagrado, eran cosas que los humanistas veían con simpatía y aprobaban porque afirmaba el individualismo y educaba al pueblo.

Pero muy pocos humanistas siguieron al protestantismo, porque aunque ellos partían de la bondad innata del hombre, los reformadores predicaban su depravación total.

El pensamiento bíblico sostenido con vehemencia por Juan Calvino (1509-1564) de la naturaleza corrupta del hombre, incapaz de hacer nada por sí mismo, era resistido tenazmente por Erasmo, que lo veía incompatible con su filosofía.

Por otra parte, el espíritu ecuménico y conciliador de los humanistas se sentía incómodo ante los frontales ataques de Lutero a la iglesia papal y su posterior división.

Las fuentes de autoridad

El hombre moderno nace en este período de la historia en el que se gestaron formas de pensamiento que siguen vigentes hoy y que caracterizan el presente.

El humanismo, el catolicismo romano y el protestantismo están aún vigentes, hacen sentir su efecto y por eso es necesario reconocer sus diferencias.

Las tres líneas de pensamiento recurrieron al pasado para afirmar sus convicciones: El catolicismo romano a la Edad Media; la Reforma al cristianismo primitivo; y los humanistas a Grecia y Roma. De allí tomaron sus fuentes de autoridad y dieron dirección a su pensamiento.

La diferencia fundamental yace en las fuentes de autoridad que reconocen, y toda discusión o diálogo entre los representantes de estas líneas de pensamiento será estéril, a menos que comience por acordar una fuente de autoridad común. Esto ha sido demostrado largamente por la historia y la práctica.

El catolicismo romano tiene su fuente de autoridad en la «Tradición de la Iglesia», a la que no solo equipara en autoridad con las Sagradas Escrituras, sino que en la práctica es mucho más importante y concluyente.

El humanismo tiene su fuente de autoridad en el razonamiento humano, al que desprende de toda autoridad revelada y de toda influencia tradicional.

La Reforma tiene su fuente de autoridad en la Sagrada Escritura, rechaza a la tradición por equívoca y contradictoria, y niega al razonamiento como autoridad por estar depravado por el pecado.

Cada una de estas formas de pensar se expresan de diversas maneras en el presente, y entran en constante conflicto porque sus reconocidas fuentes de autoridad se afirman sobre bases diferentes: El humanismo es antropocéntrico, el catolicismo romano es eclesiocéntrico y el protestantismo es teocéntrico, lo que los hace irreconciliables.

El mundo al que predicamos

Capítulo 5: Crecimiento del humanismo

En los siglos posteriores al Renacimiento, la filosofía va a tomar un rumbo distinto al de los anteriores. Siempre estuvo ligada y subordinada a la teología, pero ahora se irá independizando, para pensar en forma autónoma. No tendrá en cuenta las Sagradas Escrituras como revelación de Dios, ni aceptará a priori la existencia misma del Creador: Todo será puesto en tela de juicio y sujeto al razonamiento humano. El antropocentrismo crecerá hasta alcanzar su apogeo en los siglos XIX y XX.

El racionalismo de Renato Descartes

Renato Descartes (1596-1650) inicia en forma definitiva la filosofía moderna; es importante conocer algunos detalles de su pensamiento. Descartes vivió siendo católico romano y murió sin renegar de su fe, sin embargo rechazó la filosofía escolástica porque sostenía que había pasado el tiempo del escolasticismo aristotélico que sostenía su iglesia, y propuso una nueva base de pensamiento.

Al desechar la teología desplazó a Dios y a las Sagradas Escrituras como fundamento. ¿Sobre qué base desarrolla entonces su filosofía? Sobre su propio yo, autónomo e independiente.

Comienza poniendo en duda todas las cosas: la realidad del mundo, la existencia de Dios, la veracidad de la revelación y la validez de toda la filosofía existente.

Descartes duda aun de sus propios sentidos, a los que considera engañosos. «Pensaré que el aire, el cielo, la tierra, las figuras, los colores, los sonidos y todas las cosas exteriores no son sino ilusiones y sueños... me miraré como si no tuviera sentidos, como si solo creyera por error que poseo todo eso». En medio de esa duda metódica surge una certeza, una cosa de la que no duda: No puede dudar de que está dudando. De allí comienza a hilvanar su pensamiento: Si duda es porque piensa, por lo tanto sentencia: «Pienso, luego existo», principio que lo hará famoso.

Renato Descartes trata de ingresar a la realidad por un camino totalmente nuevo, y está dando así la tónica de toda la filosofía moderna: el antropocentrismo. El hombre está en el centro como medida de todas las cosas.

Por este camino va a abrir un tremendo abismo entre la cultura moderna y las Sagradas Escrituras. En su correspondencia afirma: «Querer inferir de las Sagradas Escrituras el conocimiento de verdades que únicamente pertenecen a las ciencias humanas y que no sirven para nuestra salvación, no es más que utilizar la Biblia con fines para los que Dios no la ha dado en absoluto y consiguientemente manipularla».

Durante su vida divulgó solo parte de su pensamiento, amedrentado por la acción de los tribunales inquisitoriales y la triste experiencia de Galileo Galilei, obligado a abjurar de sus convicciones acerca del movimiento de la tierra.

La teología de Descartes

Como mencionáramos, Descartes vivió y murió como creyente. Creía en la existencia de Dios, pero esa certeza no emanaba de las Sagradas Escrituras, sino de su propio pensamiento. Tengamos en cuenta que todas sus certezas se fundamentaban en el hecho de su propia existencia.

Para conocer a Dios no puede comenzar por la Revelación Escrita, las Sagradas Escrituras, porque las pone en duda. Tampoco puede partir de la manifestación de Dios en la creación, porque duda de sus sentidos, no cree que «las cosas invisibles de él, su eterno poder y deidad se hacen claramente visibles desde la creación del mundo, siendo entendidas por medio de las cosas hechas, de modo que no tienen excusa» (Romanos 1.20).

Para conocer a Dios parte de su yo, y razona diciendo que dentro del hombre está la idea de ser perfecto e infinito, siendo él mismo imperfecto y finito; por lo tanto, la idea de perfección e infinitud que posee tiene que provenir del Ser perfecto e infinito, es decir, Dios. Y Dios es el ser perfectísimo que la razón concibe, por lo tanto existe.

Siendo Dios perfecto y veraz uno puede estar seguro de la existencia de las cosas materiales, porque sería incapaz de engañarlo a uno mismo.

Notemos algo muy importante: El camino que propone Descartes tiene al hombre y su razonamiento en el centro; el antropocentrismo está jerarquizado por encima del teocentrismo, el sujeto es más importante que el objeto y la libertad personal se jerarquiza por sobre el orden cósmico. Esto hace que no abandone la fe, pero es notable que el Señor Jesucristo no aparezca en su filosofía.

El empirismo: Juan Locke

Paralelamente al racionalismo surge el empirismo, que tiene su centro de desarrollo en Inglaterra. Juan Locke (1623-1704), también dejó de lado la filosofía escolástica y se deslumbró con el pensamiento de Descartes. Su enfoque, sin embargo, difiere del racionalismo.

Para Locke no existen principios innatos, por lo tanto el entendimiento humano es como una hoja de papel en blanco, en la cual se graba todo lo que llega a través de los sentidos.

La diferencia con respecto al racionalismo estriba en que mientras aquél enfatiza la razón, este destaca la experiencia.

La verdad se conoce a través de la experiencia sensible, y solo la experiencia determina qué es verdad. Como la experiencia no concluye nunca, porque siempre están entrando cosas nuevas por los sentidos, entonces no hay verdades permanentes, eternas o absolutas, todo está relativizado.

Nuevamente aquí tenemos al hombre como centro: su experiencia es la que determina la verdad.

Locke va a contradecirse cuando entre en el campo de lo ético, cuando tenga que determinar qué es bueno y qué es malo. Por un lado, aprueba lo que llama la «ley moral natural», y la reconoce como eterna. Pero luego se lanza a la investigación sociológica de lo que en diferentes sociedades y épocas se estimaba como bueno o malo y termina afirmando que «llamamos bueno a lo que puede proporcionarnos placer o aumentarlo, o disminuir el dolor».

El siglo de las luces

Nos detuvimos particularmente en el racionalismo y el empirismo, porque allí yace la semilla que florecerá en el siglo XVIII con la Ilustración, que alcanzará su apogeo en el siglo XIX con el positivismo y entrará en crisis en el siglo XX.

Los intelectuales del siglo XVIII pensaban que la luz de la razón debía iluminar al hombre, sacándolo del oscurantismo religioso, y que por ese camino alcanzaría la prosperidad material y la felicidad individual. Parten de la idea de que, si en el orden natural existen leyes inmutables que mantienen en equilibrio armónico todas las cosas, así también debían existir leyes naturales que permitirían el equilibrio social, político y económico. Por lo tanto, el conocimiento racional y experimental de la naturaleza abriría los caminos que llevarían a hallar las leyes que gobernarían a la sociedad.

Para eso creían necesario que el hombre gozara de mayor libertad al pensar, por lo tanto la educación y la moral no debían estar dirigidas por el pensamiento religioso —fuera este católico o protestante—, porque su enseñanza se basaba en la fe y no en la razón.

Muchos de los hombres de la Ilustración eran ateos, pero muchos otros eran deístas: Creían en la existencia de un Ser Supremo, creador del universo, que puso en marcha la máquina de la creación, pero cuya acción se limitó solo a eso, es decir, que no le dio sentido ni destino. No existen para el deísta leyes morales establecidas por Dios, ni un culto determinado para honrarlo. Dios es solo un postulado para explicar la existencia del mundo.

Los milagros, la intervención divina en la historia, la encarnación del Hijo, la resurrección de Jesús y la redención son totalmente excluidas del pensamiento deísta.

Voltaire (1694-1778), crítico mordaz e implacable del cristianismo, que lo desacreditaba permanentemente, afirmaba: «Si Dios no existiera, habría que inventarlo», dejando así en claro que lo creía necesario únicamente como explicación original de la existencia del universo.

El pensamiento autónomo se desarrolló velozmente alejando al hombre occidental del Dios de la Biblia y de los principios enseñados en las Sagradas Escrituras. Una concepción de Dios y el hombre puramente humanista prendió en la sociedad.

Enmanuel Kant (1723-1804), criticará por igual al racionalismo y al empirismo, sin embargo, en su filosofía, Dios seguirá siendo solo un postulado. Sus reflexiones sobre los fundamentos de la moral se hicieron muy difíciles: ¿Quién establece la moral? ¿Quién determina qué es bueno y qué es malo? ¿Por qué debemos hacer el bien?

Cuando el hombre pone a Dios en el centro de su universo todas esas preguntas son contestadas. Las normas y los principios emanan de Dios mismo, que es quien establece qué es bueno o malo. Pero para Kant, Dios es un postulado, por lo tanto quiere encontrar un fundamento para la conducta que esté dentro del hombre mismo.

Los hombres, para Kant, deben actuar en tal forma que la máxima de su acción pueda convertirse en una ley universal. A esto lo llamó «imperativo categórico», es decir, que debe obligar al hombre sin ninguna condición. La moral debe ser un imperativo que el hombre se esfuerce en cumplir sobre la base de su voluntad.

Ni la gracia ni el favor de Dios, ni el perdón ni la redención entran en la filosofía kantiana: El hombre, como centro de su universo, extendiéndose hacia la perfección, capaz de alcanzar el cielo por sus propios medios, es el foco de su pensamiento.

Víctor Massuh en Nihilismo y Experiencia Extrema, dice acerca de Kant: «Participa de la fe humanista de la Ilustración: el hombre sacará de sí mismo los actos y los caminos que lo llevarán hacia lo alto. Su lenguaje, en consecuencia, no debe ser el de la espera del favor de Dios ni el de la pura receptividad del movimiento descendente de la gracia. El encuentro con ella tiene su sede en el centro mismo de lo humano, en la intimidad normativa y genérica de la conciencia. En la fe religiosa es el hombre quien da el primer paso, y es imperioso que así sea. No es la gracia divina la que desciende, sino que la experiencia moral de gracia del hombre es ofrecida a Dios».

Al final del camino Kant ve a Dios, a un Dios suprasensible, que considera necesario para explicar la ordenación de las cosas hacia un fin. Pero el hombre sigue estando en el centro y es el artífice de su salvación.

Mientras Kant desarrollaba su pensamiento en Alemania, Juan Jacobo Rousseau en Francia (1712-1778) enseñaba que el hombre era originalmente bueno, y la sociedad lo pervertía. Propiciaba una vuelta a la naturaleza como una forma de recuperar la bondad. Publicó una obra pedagógica: Emilio o la educación, donde sostiene que todos los males del mundo son el resultado de la civilización, ya que el hombre es bueno por naturaleza. La obra es optimista, y explica que el camino de la educación correctamente orientada hacia un retorno a la naturaleza perfeccionará al hombre.

En cuanto a la moral, Rousseau pensaba que no debía fundamentarse en el entendimiento, sino en los sentimientos. Así como los instintos eran, según su enseñanza, una guía válida para las necesidades del cuerpo, la conciencia era una guía segura para diferenciar entre el bien y el mal, por lo tanto el hombre debía seguir los dictados de su conciencia. Llegó a afirmar que la conciencia era como la voz celestial, infalible, que nos hacía semejantes a Dios.

En cuanto a la existencia de Dios sostenía que la razón nos lleva a pensar en su existencia, pero no hay ninguna indicación en la naturaleza acerca de la forma que debemos darle culto, por lo tanto cada cual debe elaborar su religión según los dictados de su propio corazón y no debe interferir en la vida religiosa de sus semejantes.

Nada de la revelación de Dios tenía valor para Rousseau, el hombre no estaba afectado por la caída ni el pecado, su conciencia no era susceptible de alteraciones, no creía en las conciencias sucias o cauterizadas de las que habla el apóstol Pablo. El hombre debía ejercer una libertad absoluta de pensamiento, independizándose de las Sagradas Escrituras. El hombre destronaba a Dios, y la concepción antro-pocéntrica crecía incontenible en la sociedad.

Es justo reconocer, sin embargo, que durante el siglo XVIII la ciencia progresó como consecuencia de la investigación y la experimentación: clasificaron plantas y animales, la química adquirió su carácter científico; estudiaron y experimentaron con la electricidad, y llevaron a cabo las primeras aplicaciones mecánicas del vapor de agua. Eso preparó a occidente para el estallido progresista que caracterizaría al siglo XIX.

El siglo XIX

Es difícil resumir los cambios experimentados en occidente durante este siglo. Los medios de transporte terrestres y marítimos se reducían en el siglo XVII al caballo con o sin carruaje, y a las embarcaciones a vela o remos.

Al concluir el siglo XIX había automóviles, ferrocarriles, globos aerostáticos, aeroplanos, submarinos y barcos a vapor.

Hagamos una lista de algunos de los inventos

1800 - Primer acumulador eléctrico o batería
1801 - Primer submarino: El Nautilus
1814 - Primera locomotora a vapor
1821 - Se establecen los principios del motor eléctrico
1826 - Primera fotografía
1834 - Primera cosechadora
1836 - Primera hélice propulsora de barcos
1837 - Se inventa el telégrafo
1845 - Se patenta la rueda neumática
1851 - Se patenta la máquina de coser
1858 - Se tiende el primer cable transatlántico
1862 - Se patenta la ametralladora
1876 - Se inventa el teléfono
1877 - Se patenta el fonógrafo
1878 - Se produce luz eléctrica incandescente
1885 - Se fabrica el primer automóvil de 3 ruedas
1887 - Se fabrica el primer automóvil de 4 ruedas
1895 - Se descubren los rayos X
1899 - Primer barco con turbina
1900 - Primera transmisión radial
1903 - Primer vuelo de una máquina más pesada que el aire

Esto da una somera idea de los cambios profundos que se produjeron en el siglo XIX. El mundo cambiaba en forma vertiginosa. Había comenzado la era industrial: La máquina desplazaba al hombre, la tecnificación acortaba las distancias, las comunicaciones se aceleraban, se multiplicaban los vehículos, se construían canales y tendían febrilmente vías férreas.

Un creciente optimismo iba ganando al hombre que ante el avance de la ciencia y la tecnología creía que ya no tendría más fronteras.

El positivismo

Augusto Comte (1798-1857), es el fundador de una nueva corriente filosófica que exalta el saber científico: el positivismo.

Según Comte, debía prescindirse de toda reflexión metafísica y atenerse a la observación y análisis de los fenómenos. Reconocía en el desarrollo del pensamiento humano tres períodos:

1. Teológico: El hombre recurría a Dios para explicar los fenómenos.
2. Metafísico: Dios era reemplazado por la naturaleza y se investigaba a través del pensamiento abstracto.
3. Positivo: El hombre se ciñe a los hechos y los explica estudiando las leyes que los gobiernan. Este era el último período.

Comte se siente fundador de una nueva religión en la que los dogmas son las leyes de la naturaleza y los científicos son los santos. Constituye, en París, el «Concilio Permanente de la Iglesia Positiva», al cual todos los países civilizados deben mandar sus delegados. Comte sustituye a Dios por el hombre, y establece un culto religioso a su alrededor.

El positivismo se apoya en dos supuestos:

1. La ciencia es la única explicación de la realidad

   El avance de la ciencia desató un ingenuo optimismo que pensaba que toda la realidad podría explicarse y controlarse a través de ella.

   No se le reconocían límites al conocimiento humano, y la victoria sobre algunas enfermedades, el descubrimiento del cloroformo, la utilización de los rayos X y el estetoscopio, la invención de la vacuna, y muchos otros avances hicieron pensar que toda enfermedad y sufrimiento podría encontrar solución, y muchos llegaron a pensar que aun la muerte podría ser vencida.

   Puede ser que para nuestra época, acostumbrada a las transformaciones rápidas eso resulte incomprensible, pero si nos situamos en lo que significaron esos avances en el siglo pasado, nos daremos cuenta de que científica y tecnológicamente estaban en verdad deslumbrados, y eso los llevaba a situaciones que hoy calificaríamos de ridículas, pero que en aquella época eran completamente normales.

El sentimiento de este período bien puede sintetizarse en la oda con que Monti celebró el vuelo en globo de Montgolfier:

> ¿Qué más te queda? Romper
> también a la muerte su dardo,
> y de la vida el néctar
> libar con Júpiter en el cielo

2. Existe un determinismo universal

Concibiendo al universo como un gigantesco mecanismo, con leyes inmutables; conociendo la totalidad de estas leyes puede determinarse cuál será el comportamiento futuro.

Si, por ejemplo, vemos caer un vaso de vidrio desde una mesa al suelo, y pudiéramos determinar la aceleración, resistencia del material, incidencia del viento, densidad del suelo, etc., podríamos decir exactamente en cuántos pedazos se fragmentará y dónde caerá cada uno.

Este principio es aún más peligroso cuando se aplica a la vida del hombre: Conociendo su herencia genética, las reacciones químicas de su organismo, su alimentación, características sicológicas, etc., podríamos determinar dónde va a estar usted y que va a hacer dentro de una semana a una hora determinada.

Basado en este principio del determinismo universal, Arthur Conan Doyle crea su famoso detective Sherlock Holmes. El personaje tiene un conocimiento más extenso de las cosas y sabe hilvanarlas lógicamente, por lo tanto puede resolver cualquier caso criminal que le presenten.

La muerte de Dios

A fines del siglo XIX el pensamiento autónomo llega a su apogeo. El hombre se ve a sí mismo como centro del universo.

Comenzó buscando un camino nuevo para el conocimiento, y decidió prescindir de Dios y su revelación. Los métodos elegidos fueron la razón y la experimentación. Todo lo que no logra a través de ellos no lo considera válido.

Lentamente Dios fue siendo desplazado, su personalidad fue negada, sus atributos cuestionados y sus principios ignorados. Dios debía ser lo que el hombre podía concebir que fuera. Todo lo que no podía atrapar con la limitada red de su conocimiento prefirió desecharlo. Se situó así en la cima del universo; como juez absoluto determinaba qué era la verdad y qué no lo era. El Dios Creador Omnipotente fue reducido a la condición de un postulado que simplemente llenaba la premisa inicial del universo.

Fue necesario entonces elaborar una moral humanista, y se llega a crear una religión que tiene como centro al hombre.

Dios quedó reducido a una hipótesis de trabajo incómoda, aunque necesaria. El lugar «dejado vacante» por Dios lo iba ocupando el hombre, que crecía ante sus propios ojos y volvía a oír los reclamos del enemigo en el jardín de Edén: «Seréis como dioses».

Cuando miraba hacia atrás, a su propia historia, se avergonzaba de pertenecer a una raza que se inició ante un Dios Omnipotente. Sentía que estaba dando un gran salto, desprendiéndose de la condición humana del pasado, llegando a ser verdaderamente independiente, adulto y capaz de construir una civilización superior. El hombre daba paso al «Superhombre». Sin embargo, para poder consumar esa última etapa Dios seguía estorbando. Por eso había que lanzar un grito capaz de producir el despegue final. El profeta de ese grito fue Federico Nietzsche (1844-1900), que decretó: «Dios ha muerto».

Capítulo 6: El hombre del siglo XX

En este recorrido por la historia de occidente, llegamos al hombre actual, ese que queremos alcanzar con el mensaje salvador de Jesucristo.

La forma de pensar del hombre moderno está profundamente enraizada en el humanismo, tal como se desarrolló en el siglo XIX. Pero ese humanismo no es optimista, diversos factores han incidido para que entrara en crisis.

El siglo veinte

El evolucionar histórico no entiende ni responde a las demandas del calendario, por lo tanto las fechas de iniciación y finalización de un siglo deben fijarse según otros parámetros.

Podemos decir que el siglo XIX, con su carga de optimismo, se prolongó hasta 1914. En ese año la ingenuidad se hace añicos contra la realidad de la Primera Guerra Mundial.

El «superhombre», que había avanzado científica y tecnológicamente priorizando la razón y la experimentación, y prescindiendo de Dios, creía estar creando una nueva civilización; pero tuvo que enfrentarse de nuevo a la dolorosa realidad de su propia barbarie.

Edward McNall Burns, en Civilizaciones de Occidente, dice: «Quizá se pueda afirmar sin temor a errar que la Primera Guerra Mundial se libró con ferocidad mayor que cualquier otro conflicto militar precedente de los tiempos modernos. El empleo de gases venenosos, ametralladoras, lanzallamas y balas explosivas cobró un precio en vidas y en heridas horribles sin precedente ni siquiera en las campañas más largas de Napoleón. Constituye una prueba interesante de esa ferocidad el número de civiles muertos en las incursiones aéreas, las matanzas, el hambre y las epidemias, superior al de los soldados muertos en combate. Por último, esa guerra fue única por el enorme tamaño de sus ejércitos. Unos sesenta y cinco millones de hombres lucharon durante períodos más largos o más breves bajo la bandera de los distintos beligerantes».

Sin embargo, a pesar de los acontecimientos, los humanistas se negaron a ver su fracaso.

Los combatientes recibían medallas con la inscripción «Guerra para la civilización», y se los instruía para el combate aseverándoles que sería la última conflagración de la historia, y luego se instauraría una civilización pacífica, justa y evolucionada.

Con este colapso del optimismo comienza nuestro tiempo.

Un experimento singular

Los occidentales quisieron llevar a cabo un experimento nunca antes intentado: Edificar una civilización sin Dios y sin valores absolutos. La característica de nuestro siglo es ignorar a Dios.

Es verdad que persiste la religiosidad, pero como un barniz externo, y en muchos casos, tiene más connotaciones folklóricas que espirituales. Los hombres se forman en los centros educativos prescindiendo de Dios, la ética es profundamente humanista y se difunden todo tipo de doctrinas ateas y anticristianas.

Ignorar a Dios tiene un precio muy alto: El ser humano pierde su punto de referencia eterno, y no es capaz de interpretar cuál sea su propia dimensión.

Todo fotógrafo sabe la importancia que tiene un punto de referencia. Si está fotografiando una miniatura la coloca sobre una mano o junto a algún objeto reconocible. El observador, por comparación, toma conciencia de la dimensión.

Las grandes montañas no serían tales para quien las viera fotografiadas, si no tuviesen un punto de referencia. Un automóvil o una persona a su lado nos ubican en la verdadera dimensión de lo que vemos.

Puede afirmarse lo mismo en relación al hombre y Dios. Dios es el «punto de referencia» externo que tiene el hombre para comprender su propia dimensión. Los constructores de las catedrales góticas tenían conciencia de su propia dimensión: Lo demuestra la inmensidad de los templos, donde el hombre se sentía empequeñecido, pero capaz de una obra monumental si miraba hacia Dios.

Al desplazar a Dios, el hombre queda solo frente a la naturaleza, y experimenta lo que dijera Pascal: «Porque, al fin, ¿qué es el hombre en la naturaleza? Una nada frente al infinito, un todo frente a la nada, un medio entre nada y todo. Infinitamente alejado de comprender los extremos, el fin de las cosas y sus principios son para él invenciblemente ocultos en un secreto impenetrable, igualmente incapaz de ver la nada de donde él ha salido y el infinito de donde él es absorbido».

G.K. Chesterton pone en boca de uno de sus personajes la descripción de ese mismo sentimiento: «Tú sabes ahora cuál es el verdadero sentir de un hombre respecto al firmamento, cuando se encuentra solo en medio de él, rodeado por él... Este espacio puro, esta pura cantidad, aterroriza al hombre más que los tigres o la temible peste. Tú sabes que cuando nuestra ciencia ha hablado, el universo ha quedado sin fondo».

El hombre moderno está, por lo tanto, sumido en la más oscura de las incertidumbres acerca de sí mismo. No sabe si es un gigante, como lo demostraría su capacidad científica, o un enano, como lo señala su angustia y desamparo.

Se siente poderoso cuando incursiona en el espacio, pero tiembla frente al sufrimiento y la muerte. Le fue concedida la dimensión del espacio, y lo explora incansablemente, pero se da cuenta que le está vedada la dimensión del tiempo que, incesante, lo desgasta hasta su «destino final»: la muerte física.

El presente siglo quiere ser uno sin Dios, pero no ha podido ser un siglo sin angustia.

Las raíces del pasado

El hombre moderno tiene raíces que se hunden en el pasado, y son fácilmente identificables en algunos hombres del siglo XIX, que a su vez tienen representantes y seguidores en la actualidad.

No siempre estos pensadores son interpretados de manera correcta, pero sin duda sus ideas gravitan decisivamente en el presente.

Sören Kierkegaard (1818-1855). Teólogo y pastor dinamarqués reaccionó contra el extremo racionalismo iniciado con Descartes, que halló su culminación en el filósofo alemán Hegel (1770-1831).

Kierkegaard refleja en su obra la angustia, tormento y desesperación del alma sedienta de absoluto y eternidad, que no encuentran en la razón la forma de acceder a la paz, necesitando un salto de fe. Pero la fe en Dios es una obediencia que exige dejar de lado todo racionalismo.

«Dios no es una idea que se demuestre, es un ser en relación al cual se vive», escribe con pasión, y concluye: «No se debe intentar demostrar esa existencia, pues, si es una blasfemia negar a Dios, peor aún es tratar de demostrar su existencia».

Kierkegaard ataca e intenta destruir el énfasis filosófico en la «idea» que llegó a su culminación en Hegel, para destacar lo intransferible de la experiencia personal e individual. Pone por ejemplo a Abraham cuando va a sacrificar a su hijo Isaac, donde la fe debe pasar por encima de todo razonamiento, incluso suspender la ética, para «saltar» hacia Dios.

Su pensamiento fue rápidamente olvidado, pero se exhumó y revalorizó después de la Primera Guerra Mundial. Tenemos que destacar que fue vaciado de su contenido religioso, descontextualizado de la experiencia personal de su autor, para estandarizarlo y utilizarlo como arquetipo de la angustia del hombre frente al vacío de la existencia. Mientras que Kierkegaard habla de un salto angustioso y crítico hacia Dios, ahora se hablará de un salto hacia el vacío y la nada.

Los existencialistas, ateos e irreligiosos, toman todos los símbolos de los hombres religiosos, profundamente creyentes, y elaboran el pensamiento angustioso de nuestro siglo.

Karl Marx (1818-1883). Se sintió continuador del pensamiento racionalista y en especial de Hegel; aunque este lo aplica a las ideas, Marx lo aplicó a la materia y la historia.

En el prólogo de El Capital, su obra principal, dice: «Para Hegel, el mundo real no es sino la forma extrema de la "idea", y para mí, al contrario, la idea no es sino el mundo material reflejado por la mente humana».

Marx interpreta la historia prescindiendo de todo lo que sea ideales, éticos y religiosos. Para él la historia se explica como una constante lucha de clases, donde lo determinante son los bienes materiales, y el factor detonante de todas las crisis es el problema económico.

Se reconoce ateo, y presenta una nueva concepción del mundo, el hombre, la política y la historia.

A través de su análisis trata de convertirse en profeta y vaticina una sociedad sin clases, hacia la que inexorablemente marcha la humanidad, incluidos los países industrializados.

La religión, según Marx, es «el opio de los pueblos», es decir, una forma de aletargarlos para demorar el proceso de cambio, por lo tanto debe abandonarse todo principio religioso.

Los postulados marxistas respecto a la religión —para el pueblo latinoamericano—, tienen relación con la realidad. El poder religioso fue usado para mantener a los pueblos en la oscuridad, aletargarlos, y hacerlos dependientes. Pero recordemos que el uso de la religión como instrumento de poder y sometimiento nada tiene que ver con el cristianismo bíblico primitivo; eso está emparentado con la decadente iglesia medieval.

La teoría marxista se fundamenta en el materialismo histórico, del que acabamos de hablar, y el materialismo dialéctico, según el cual la materia es la única realidad, negando así a Dios y al hombre como ser espiritual.

Las repercusiones del marxismo fueron importantísimas en el siglo XX. Sus seguidores principales (Lenin, Stalin, Trotsky y otros) produjeron con el comunismo soviético un polo político de particular relevancia.

Los vaticinios de Marx no se cumplieron, ya que no hubo revolución social en ninguno de los países industrializados, ni se destruyó el capitalismo. Pero el comunismo evolucionó durante todo el siglo para finalmente entrar en crisis. Su teoría, sin embargo, ha sido tan importante que muchos toman la caída del Muro de Berlín, símbolo del comunismo, como fecha para dar por concluido el siglo XX.

Carlos Darwin (1889-1882). Su obra cumbre, El origen de las especies, revolucionó la biología. Afirmaba que no existe la invariabilidad de las especies, sino que ellas evolucionan de organismos más sencillos. La idea no era nueva, la esbozaron algunos filósofos presocráticos y fue retomada por varios científicos que precedieron a Darwin, pero este la desarrolló en forma sistemática y completa.

Esta teoría fue adoptada por los materialistas ateos y propagada, sobre todo en Alemania, en forma radical para «demostrar» la inexistencia de una parte inmaterial o espiritual en el hombre. La utilizaron para atacar al creacionismo, como respuesta del ateísmo a la Biblia.

Ya a fines del siglo pasado se exaltaron en tal forma los ánimos alrededor de este tema que durante mucho tiempo fue imposible un análisis desapasionado.

Oskar Kuhn, en La teoría de los orígenes: Hechos e interpretaciones (1965), dice: «La teoría de Darwin, por simple y genial que a primera vista pueda parecer, es falsa. En su tiempo fue acogida con entusiasmo desbordado, pero no tardó en petrificarse hasta devenir en corpus teórico cerrado y dogmático, en lugar de continuar siendo un campo abierto a la investigación. Darwin no fue un declarado mecanicista y, sin embargo, su teoría se convirtió en una visión del mundo, en un medio probatorio de la doctrina materialista».

Esta siempre llevó clavada la espina de la racionalidad, y ahora se nos presenta la oportunidad de desembarazarnos de ella. Es este un hecho que no debemos pasar nunca por alto si queremos entender la perseverancia obstinada con que amplios círculos defienden esta teoría.

El evolucionismo, no ya como hipótesis de trabajo, sino como doctrina científica, es enseñado en todos los centros de estudio occidentales con devoción casi religiosa.

Federico Nietzsche (1844-1919). Lo hemos mencionado anteriormente, pero vale la pena que nos detengamos en su pensamiento. Nietzsche es un pensador alemán que preconizó la transmutación de todos los valores, contendiendo frontalmente con el cristianismo, al que denigraba diciendo: «El Dios de la cruz es una maldición de la vida...» Llamó al cristianismo «la gran maldición, la gran infamia de la humanidad». Creía que el judaísmo y el cristianismo debían ser desarraigados porque exaltaban las «virtudes de los esclavos», a las que consideraba vicios: La humildad, la compasión, los derechos de los más débiles o incapaces.

Su famosa frase: «Dios ha muerto», quería significar que la civilización tenía que dejar de sustentarse en ideales o esperanzas extraterrenas. Comenzaba allí el camino hacia el superhombre, la supervivencia de los más fuertes. En Así habló Zaratustra, dice: «Os enseño al superhombre. El hombre es algo que debe ser superado... ¿Qué es el mono para el hombre? ¡Irrisión y penosa vergüenza! Así también el hombre ha de ser para el superhombre vergüenza... Habéis evolucionado del gusano al hombre, y hay de vosotros todavía mucho de gusano... El superhombre es el sentido de la tierra. El hombre es una cuerda tendida desde el animal y el superhombre, una cuerda tendida sobre un abismo».

Quería destruir lo absoluto y eterno, las ideas y los arquetipos porque eran lastres al desarrollo de la humanidad. Por eso atacaba tanto al cristianismo como a Platón, y decía que el cristianismo no era más que platonismo para el pueblo.

La «selección natural», de la que hablaba Darwin, debía permitirse actuar en la sociedad humana, para que perecieran los débiles morales, los ineptos, los pusilánimes que no saben combatir en la vida. Sobrevivirían así los más aptos, la raza de los superhombres.

¿Cuánto del pensamiento de Nietzsche fue tomado por Adolfo Hitler y el nazismo? Las masacres en las cámaras de gas de millones de seres humanos, la pregonada superioridad de la raza aria, el derecho a eliminar a los disminuidos físicos y mentales, parece ser la brutal consumación en nuestro siglo de todo este pensamiento.

Pero Nietzsche tuvo la sagacidad de percibir la dimensión de la catástrofe que se produce al quitar a Dios de su lugar, y alcanza a ver la soledad, la confusión y el desamparo en que queda el ser humano, y la titánica tarea que se está imponiendo de crear una nueva moral. Por eso dice en La Gaya ciencia: «¡Dónde se ha ido Dios! voy a decíroslo: ¡Lo hemos matado vosotros y yo! ¡Todos nosotros somos asesinos!

¿Cómo hemos hecho esto? ¿Cómo hemos podido vaciar el mar? ¿Quién nos ha dado la esponja para borrar el horizonte? ¿Qué hemos hecho cuando hemos desatado a esta tierra de la cadena de su sol? ¿Hacia dónde la conducen ahora sus movimientos? ¿Lejos de todos los soles? ¿No estamos cayendo sin cesar? ¿Hacia adelante, hacia atrás, de lado, de todos lados? ¿Hay todavía un arriba y un abajo? ¿No erramos a través de una nada infinita? ¿El vacío no nos persigue con su aliento? ¿No hace más frío? ¿No veis venir sin cesar la noche más noche?»

Nietzsche sabe que quitar a Dios es producir un cataclismo de imprevisibles resultados en el aspecto moral y existencial.

Fedor pone en boca de Iván Karamasov la afirmación más contundente sobre el tema: «Si Dios no existe, todo está permitido».

Sin Dios la conducta humana no tiene patrones que la rijan, no existe ética. Mientras Él está presente sabemos cómo debemos conducirnos, qué es bueno y qué es malo. Desplazado Dios tenemos que elaborar una nueva ética. Pero, ¿sobre qué base? No hay institución humana con el prestigio y la fuerza necesaria para establecer una ética. Se hará lo que las mayorías decidan.

La tolerancia a la homosexualidad, el aborto, la eutanasia, la pornografía, etc., serán aceptados con facilidad porque se abre el camino hacia una ética peligrosamente permisiva.

Las respuestas humanistas

¿Dónde halla el hombre actual respuestas sólidas para su problemática? Librado a su razonamiento, alejado de Dios y sus leyes, intenta responder por medio de la ciencia, la filosofía sus interrogantes. Pero el camino del pensamiento es errático. Cuando nuestra raza cayó, la caída nos afectó moral y racionalmente, por lo tanto, sin una ley externa, sin la revelación de Dios el hombre irá errabundo, aceptando todas las alternativas, probando todos los caminos, esclavo de su propia libertad.

Antonio Machado lo expresará, bella aunque desesperadamente, cuando escriba:

> «Caminante no hay camino,
> se hace camino al andar».

Esa libertad absoluta, es también la esclavitud absoluta de un hombre condenado a la incertidumbre, pero que persiste obstinadamente en seguir sus propios caminos, con una terquedad asombrosa.

Jean Paul Sartre (1905-1980). Filósofo existencialista francés, el más conspicuo representante de esa corriente en su vertiente atea, refleja esa obstinación en su obra. El drama Las Moscas tiene por protagonista a Orestes que se enfrenta con el Dios Júpiter para expresarle: «Extraña a mí mismo, lo sé. Fuera de la naturaleza, sin excusa, sin otro recurso que en mí. Pero no volveré bajo tu ley; estoy condenado a no tener otra ley que la mía. No volveré a tu natural realeza; en ella hay mil caminos que conducen a ti, pero solo puedo seguir mi camino. Porque soy un hombre, Júpiter, y cada hombre debe inventar su camino».

Sartre utilizó todos los medios a su alcance para dar a conocer su prédica. Consciente de la limitación de los tratados filosóficos estudiados únicamente por especialistas, encontró en el teatro, la novela y el cine caminos aptos para difundir sus ideas. A la certeza del Señor Jesucristo que dice: «Yo soy el camino», contrapone su filosofía de «Cada hombre debe inventar su propio camino».

En su madurez va a confesar: «El ateísmo es una empresa cruel y de largo aliento: creo que lo he llevado hasta el fondo... desde hace diez años soy un hombre que se despierta, curado de una amarga y dulce locura y que no acaba de darse cuenta ni puede recordar sin reírse sus antiguos errores y que ya no sabe qué hacer con su vida» (Las Palabras, 1964).

Vale la pena contrastar estas amargas reflexiones con la certeza del apóstol Pablo: «He peleado la buena batalla, he acabado la carrera, he guardado la fe».

La respuesta a los problemas existenciales que recibe el hombre moderno se limitan a proclamarlo libre, para luego mostrarle que la libertad absoluta es también una forma de esclavitud.

A la pregunta ¿De dónde vengo?, la respuesta humanista pasa por la teoría evolucionista de Darwin, con lo que el hombre queda reducido a un grado evolucionado de la materia, despojado de toda dignidad, grandeza y espiritualidad.

Cuando interroga acerca del devenir histórico, el humanismo responde que lo que mueve la historia son únicamente los intereses económicos, que prevalecen por sobre las ideas y el estado espiritual de los pueblo.

Frente al futuro, el humanismo responde con la nada, el vacío, produciendo una profunda angustia que no tiene respuesta individual.

«¿Cómo debo vivir?» es el interrogante final. Erich Fromm contesta: «Los juicios de valor y normas éticas son exclusivamente asunto de gusto o de preferencia arbitraria... en este campo no puede hacerse ninguna afirmación objetiva válida».

En resumen, la lapidaria definición que el hombre moderno recibe del humanismo se sintetiza en las palabras de Sartre en El ser y la nada: «El hombre es una pasión inútil».

Capítulo 7: Los problemas del hombre moderno

El siglo pasado finalizó con la euforia positivista y la propuesta del superhombre. Después de la Primera Guerra Mundial (1914-1918) se inició una difusión y consolidación popular del pensamiento desarrollado en aquella centuria.

Las comunicaciones, que comenzaron a desarrollarse en ese siglo, se incrementaron y perfeccionaron en este, convirtiendo al mundo en lo que algunos llaman la «aldea global».

Todo lo que sucede en cualquier parte del planeta, es rápidamente difundido por todo el mundo. Primero fue por medio de la palabra, luego de la imagen. Por último, la tecnología es capaz de transmitir los sucesos de interés general en forma directa y simultánea a todo el mundo.

Los humanistas fueron los primeros en darse cuenta de que el acceso a esos medios era necesario si querían difundir e implantar su pensamiento en la sociedad.

Comenzaron entonces a laborar en dos niveles. Los filósofos trabajaban en el nivel teórico tradicional, desarrollando el pensamiento abstracto, pero conscientes de que difícilmente podrían influenciar a las masas a través de estos trabajos que eran de interés solo para los especialistas. Por lo tanto iniciaron un segundo nivel de trabajo, para dar a sus ideas popularidad.

Como señaláramos, Jean Paul Sartre escribe una obra filosófica importante, para especialistas: El ser y la nada. Con dificultad el hombre común se verá influenciado por esta obra. Pero simultáneamente escribe para el teatro: Las manos sucias, Muertos sin sepultura, Las moscas, etc.; produce guiones cinematográficos: El engranaje, La suerte está echada, y algunas de sus obras teatrales son llevadas al cine con actores de resonancia popular.

Junto a estos grandes productos del pensamiento humanista, surgen los subproductos. Dentro del mismo lineamiento se producen otras novelas, películas, obras de teatro, de artistas que adoptan la filosofía humanista y se encargan de difundirla.

Los grandes filósofos humanistas han penetrado con su pensamiento en comunicadores sociales, artistas, pensadores, etc. De todos los rincones del mundo occidental.

Los intelectuales latinoamericanos más destacados como Octavio Paz, Mario Vargas Llosa, Gabriel García Márquez, Ernesto Sábato y otros, están bajo la influencia de los humanistas y transmiten a nuestros pueblos, en nuestro lenguaje, adaptadas a nuestra realidad, sus ideas.

En este sentido los cristianos han quedado rezagados, los medios de difusión masiva no son vehículo del pensamiento cristiano: No existen novelistas, dramaturgos o directores de cine que estén difundiendo el pensamiento cristiano con la fuerza, el compromiso y el alcance con que lo hacen los humanistas.

Del ateísmo al nihilismo

El ateísmo se introdujo con fuerza en la sociedad moderna. Tomó otro nombre: «Agnosticismo». La palabra fue utilizada por T.H. Huxley en 1869, para indicar que el hombre no puede llegar a saber si Dios existe o no. Comúnmente se utiliza para señalar que el problema de la existencia o no de Dios es irrelevante para el sujeto.

Del «Dios ha muerto» de Nietszche, se pasó con rapidez al «Dios no existe» o «No me interesa si Dios existe o no». El hombre iniciaba su propio camino, independizándose de Dios, y elaborando sus propios códigos.

La Segunda Guerra Mundial (1939-1945) tuvo un horror mayor que el de la primera. No solo por la cantidad de víctimas, sino por la saña y el poder destructivo evidenciado.

Los campos de concentración, los seis millones de muertos en las cámaras de gas, los experimentos científicos hechos con los prisioneros, desnudaron nuevamente la realidad de la condición humana.

Juntamente con eso se instaló en el mundo el temor atómico. El 6 de agosto de 1945 estalla la primera bomba atómica sobre Hiroshima. Hasta ese momento la máxima capacidad destructiva del hombre alcanzaba un radio de 100 metros. Ahora, con la moderna bomba, en un momento se destruyeron tres cuartas partes de los edificios de una ciudad, dejando un saldo de aproximadamente 100.000 muertos.

El estremecimiento conmovió al mundo: La ciencia y la tecnología destacaron fuerzas inimaginadas de una atemorizante capacidad destructiva, y ya nadie podía sentirse seguro en ningún lugar del planeta.

«El hombre comienza a vivir a la intemperie», dijo Gabriel Marcel en Francia. La guerra armada cesó, pero dio paso a la guerra fría, donde los contendientes, jugaban con el miedo del adversario. Los grandes foros internacionales se veían imponentes frente al problema. El hombre común comenzó a replantearse cuál era el sentido que tenía vivir.

Pasa entonces del ateísmo al nihilismo. ¿Qué es el nihilismo? La palabra viene del latín y significa «nada». Nietszche definió ese estado: Es un proceso en el que «los valores supremos pierden su valor» por lo cual «falta la meta, falta la respuesta a la pregunta: ¿por qué?»

Para el nihilista nada cuenta más que el instante que vive, nada hay que merezca esfuerzos, la búsqueda tiene que quedar reducida al placer de hoy. El hombre retorna al «Comamos y bebamos porque mañana moriremos» (1 Corintios 15.32).

En el nihilismo el hombre no posee valores absolutos, por lo tanto está abierto a cualquier posibilidad: Todas las conductas son legítimas: la violencia, la homosexualidad, el aborto, la drogadicción, etc.

El cuerpo tiene urgencias que deben ser satisfechas sin limitaciones, todo es bueno y lo que hace la mayoría, lo que se generaliza, es normal: Desaparecen las jerarquías.

Se exalta lo humano, aparecen «ídolos» de carne y hueso —que pueden ser deportistas, cantantes, políticos u otros a los que se les rinde un culto multitudinario, orgiástico—, emparentados con experiencias religiosas.

Dentro del nihilismo, la drogadicción se transforma en un camino, un salto hacia una «suprarealidad», un camino hacia lo sagrado.

El nihilista parece superar su instinto de conservación para ir elaborando una filosofía de autodestrucción: Corre inconscientemente hacia la muerte porque no encuentra el sentido de la vida.

En conversaciones mantenidas con drogadictos y homosexuales argumenté el problema de la muerte prematura por los peligros a los que se exponían en su promiscuidad. Fue notable la forma triste, resignada, fatalista con que respondían. En algunos casos la angustia existencial era tan grande que la muerte parecía una meta deseada. Habían superado su capacidad de conservación: La vida carecía para ellos de sentido.

Sobre la publicidad preventiva que se hacía en una gran ciudad con el lema «La drogadicción mata lentamente» un drogadicto había manuscrito: «Yo no tengo apuro». Más allá del sarcasmo o de una artificial forma de desafío, la repuesta encierra para muchos jóvenes, emergentes de una sociedad sin respuesta, una realidad triste.

Por supuesto que estos casos son extremos, pero el pensamiento nihilista ha impregnado de diferentes formas la sociedad occidental, y si bien no todos tienen una conciencia de muerte, es notable la sensación generalizada de que lo más importante es vivir el hoy, satisfacer todos los deseos y exaltar la libertad por encima de la responsabilidad.

La vida sin Dios

Dios no tiene para el hombre moderno un lugar protagónico. Samuel Morse, el 24 de mayo de 1844, realizaba la primera transmisión telegráfica con estas palabras: «¡Esto es obra de Dios!» No hubo ingenuidad en esa afirmación, Morse sabía que había mucho trabajo humano detrás de su invento, pero estaba reconociendo al Creador su señorío.

Alguien comparó estas palabras con las de Neil Armstrong al poner por primera vez sus pies en la luna: «Este es un pequeño paso para el hombre, pero un paso gigantesco para la humanidad». El primer plano era ahora ocupado por el hombre.

Podemos decir que pertenecemos a la generación de los que «no aprobaron tener en cuenta a Dios» (Romanos 1.28). No estamos hablando solamente de un ateísmo o agnosticismo declarado. Las estadísticas seguirán dando en Latinoamérica una gran cantidad de creyentes y las fiestas populares seguirán arrastrando multitudes. El problema es otro.

Dios, para muchos, no es más importante que los dinosaurios cuyos esqueletos se muestran en los museos de historia natural: Están allí como parte del pasado, nos convocan periódicamente, pero no encontramos la conexión que tienen con nuestra realidad cotidiana. Dios no es tema cotidiano de conversación, ni sus leyes están jerarquizadas en el corazón del hombre. Una inmensa mayoría que se declara cristiana jamás ha leído los evangelios, y niega una gran cantidad de las leyes dadas por Dios, prefiriendo los caminos que sociólogos, antropólogos, sicólogos y políticos proponen al individuo y la sociedad.

Si para los humanistas del pasado Dios era un postulado necesario para llenar algunos vacíos inexplicables por la razón, para la mayoría de los hombres que se dicen creyentes solo es un paliativo mítico frente a lo irremediable del sufrimiento y la muerte. Se recurre a Él en los casos extremos, cuando los caminos racionalistas no tienen salida.

En el medioevo el hombre era capaz de programar la construcción de grandes catedrales, cuya realización llevaba siglos. El hombre de hoy es incapaz de hacerlo, no entra dentro de sus esquemas mentales iniciar una obra que dure más allá de su propia existencia. Aquello que no pueda ver concluido no vale la pena como propuesta.

No podemos entrar a las catedrales góticas europeas sin sentir un estremecimiento: La grandeza de la obra contrasta con nuestra propia pequeñez. Esas piedras contienen todo un mensaje: El hombre es pequeño, Dios es grande y su franqueza me estremece.

Martín Lutero vio ya en su época el comienzo de esta declinación, y con palabras que parecen estar escritas en el presente dice: «El hombre se ha desacostumbrado tanto a la presencia de Dios que ha dejado de temerle, ya no se estremece».

Las Sagradas Escrituras dejan testimonio de este estremecimiento. Lo vivió Jacob cuando tuvo la visión de la escalera que llegaba al cielo: «Ciertamente Jehová está en este lugar y yo no lo sabía. Y tuvo miedo y dijo: ¡Cuán terrible es este lugar! No es otra cosa que casa de Dios y puerta del cielo!» (Génesis 28.16-17).

También Moisés frente a la zarza que ardía sin consumirse «cubrió su rostro porque tuvo miedo de mirar a Dios» (Éxodo 3.6); y Josué frente al varón de la espada desenvainada «postrándose sobre su rostro, le adoró» (Josué 5.14).

El apóstol Juan, en Patmos, al ver al Señor dice: «Cuando le vi, caí como muerto a sus pies» (Apocalipsis 1.17).

¿Qué es este «miedo», que lleva a la postración en Dios? Es la conmoción del espíritu frente al Creador. El hombre de hoy ignora ese estremecimiento, no lo experimenta. Pero lo necesita, tanto como el recién nacido requiere el llanto inicial para la vida. Esa angustia existencial que lo aqueja está mostrando su asfixia espiritual.

Muchas veces oímos a personas que visitaron lugares donde la majestuosidad de la naturaleza los hizo sentir empequeñecidos, tratando de explicar sus sentimientos: «Sentí algo que no supe qué era, que no se puede explicar...» Llegaron al borde del estremecimiento, y lo que el cristiano expresaría como adoración y alabanza al Creador, no encuentra en el hombre secularizado el cauce necesario, por lo que muere al nacer.

En algunos casos esto toma ribetes de tragedia. Recordemos los magistrales versos de la chilena Violeta Parra:

> Gracias a la vida
> que me ha dado tanto.
> Me dio dos luceros,
> que cuando los abro,
> muy claro distingo
> el negro del blanco,
> y en el ancho cielo
> su fondo estrellado,

y en las multitudes
al hombre que yo amo.

La profunda sensibilidad frente a los dones recibidos pocas veces ha sido expresada con igual belleza. Violeta Parra, sin embargo, terminó sus días quitándose la vida.

El culto desmedido a la libertad, una libertad que reconoce cada vez menos fronteras, termina destruyendo la responsabilidad personal.

Esta falta de responsabilidad ha creado, además, grandes problemas ecológicos. Del panteísmo pagano, que creía que la naturaleza era intocable, pasamos a la concepción cristiana: La naturaleza es creación de Dios en beneficio del hombre para su uso racional.

El principio ecológico por excelencia se encuentra en los Salmos: «Del Señor es la tierra y su plenitud, el mundo y los que en él habitan. Porque él la fundó sobre los mares y la afirmó sobre los ríos» (Salmos 24.1-2).

El uso desmedido de la libertad, desplazó a Dios del lugar que le corresponde e hizo que el hombre se desbordara sobre la naturaleza, comenzando una peligrosa obra destructiva. Ya no se siente un huésped privilegiado de Dios sobre la tierra, sino un amo absoluto. Esto está llevando a la contaminación del aire y el agua de los ríos y mares, y a la destrucción de selvas y bosques que constituyen la reserva de oxígeno del planeta.

El tema de la culpa

Queda pendiente uno de los temas fundamentales que tratamos en los primeros capítulos al considerar la herencia hebrea y griega: La culpa.

¿Cómo soluciona el hombre moderno el tema de la culpa? Sigmund Freud (1856-1939), tiene una relevante importancia en este tema, porque es quien formula la teoría del sicoanálisis.

La postura de Freud ante la religión está registrada en dos de sus obras: Totem y tabú y El porvenir de una ilusión. Para él, la religión es objeto de análisis científico y busca en las raíces de la cultura los móviles que la generaron. Reconoce el valor de la religión en el progreso humano: «La religión ha prestado, desde luego, grandes servicios a la civilización humana y ha contribuido, aunque no lo bastante, a dominar los instintos asociales. Ha regido durante milenios y ha tenido tiempo de mostrar su eficacia».

Más adelante afirma: «La religión sería la neurosis obsesiva de la colectividad humana y, lo mismo que la del niño, provendría del complejo de Edipo, de la relación con el padre. Conforme a esta teoría, hemos de suponer que el abandono de la religión se cumplirá con toda la inexorable fatalidad de un proceso de crecimiento y que en la actualidad nos encontramos ya dentro de esta fase de la evolución».

Este desplazamiento de la fe se hace a favor de la ciencia y concluye señalando: «No, nuestra ciencia no es una ilusión. En cambio, sí lo sería creer que podemos obtener en cualquier otra parte lo que ella no nos puede dar». Freud se desembaraza así de la religión y da paso a la ciencia para los problemas de conducta.

La culpa, o «sentimiento de culpa» como lo llama Freud, será uno de sus temas, a los que dará una solución secular, a través del sicoanálisis. Según esta teoría el sentimiento de culpa es un contraste entre el «yo» y el «super yo» (que es el conjunto de prohibiciones morales aprendidas), en el cual el primero se castiga con la autoacusación. Nos damos cuenta de lo peligroso que resulta —para quien sigue el pensamiento autónomo y niega la religión—, trabajar sobre estos conceptos.

Los resultados fueron que, para muchos, el sicoanálisis se convirtió en una religión secular, donde «confesaban» sus pecados y eran «absueltos» en nombre de la ciencia.

El doctor Hans J. Eyusenck, profesor de Psicología en la Universidad de Londres y director de Maudsley and Bethlem Royal Hospitals denuncia este carácter religioso del sicoanálisis, que se implanta como un dogma: «La crítica es la sangre vital de la ciencia, pero el psicoanalista, y en particular el mismo Freud, se han opuesto siempre a cualquier forma de crítica. La reacción más corriente ha consistido en acusar al crítico de "resistencias" psicodinámicas, procedentes de complejos de Edipo no resueltos y de otras causas similares; pero esto no es una buena excusa». Más adelante afirma: «...la continua hostilidad de los freudianos a toda clase de crítica, por bien documentada que estuviere, y a la formación y existencia de teorías alternativas, por bien fundadas que fueren, no habla demasiado bien del espíritu científico de Freud y sus seguidores».

El carácter dogmático del sicoanálisis, sus fundamentos humanistas ateos, y su accionar sobre el tema de la culpa lo convierten en sumamente peligroso para el hombre occidental.

Frente a una conciencia acusadora, inflamada de culpa por el pecado, quiso implementarse un sistema de desactivación, cuyo manejo queda a discreción de un terapeuta, que es en definitiva quien decide qué es lo bueno o lo malo en la conducta del paciente.

No obstante el humanismo intentaba dar respuesta al problema de la culpa. Una respuesta «científica» con que intentó acallar la conciencia del hombre que clamaba por el perdón de Dios.

El mundo al que predicamos

Capítulo 8: El hombre en busca de sentido

En 1948, durante la postguerra, se estrenaba en París La cantante calva, obra teatral de Eugenio Ionesco. Si bien pueden registrarse algunos antecedentes, con ella se inicia el Teatro del Absurdo. El público salió desconcertado; la acción no tenía nada que ver con el título y muchos se indignaron por lo que pensaban era una descarada burla del autor.

Pero Ionesco alcanzará su mayor profundidad con Las sillas, cuyo argumento es, sintéticamente, el siguiente: En el escenario, que simulaba una torre circular, viven dos ancianos que esperan gran cantidad de invitados. Están aislados en la torre y los invitados que van llegando son invisibles al espectador, pero los ancianos los acomodan en las sillas y conversan con ellos como si estuvieran presentes.

Se puebla todo el escenario de sillas, que van sofocando a los personajes, mientras esperan a un orador que debe transmitirles un importante mensaje. Finalmente, el orador se hace presente: A diferencia de los invitados, este es un ser de carne y hueso, pero sordomudo. Para subsanar el problema le acercan una pizarra, pero para desolación de los ancianos solo escribe: «Bizcocho» y «Adiós».

Ionesco dice refiriéndose a Las sillas: «El tema de la obra no es un mensaje, o el fracaso de la vida, ni el desastre moral de los ancianos, sino de las sillas; es decir la ausencia de personas, la ausencia de sustancia, la irrealidad del mundo, el vacío metafísico. El tema de la obra es la nada».

Algo similar sucede con otro dramaturgo, Samuel Becket, irlandés, autor de Esperando a Godot. Esta obra tiene dos protagonistas masculinos, que se mantienen en estática actitud de espera durante todo el espectáculo, sin que la acción avance. Solo sabemos que esperan a un tal Godot. Finalmente baja el telón sin que sepamos quién es Godot. Pero vale la pena transcribir una parte de los diálogos finales:

> Estragón: ¿Qué tienes?
> Vladimiro: No tengo nada
> Estragón: Yo me voy
> Vladimiro: Yo también
> (silencio)
> Estragón: ¿Dormí mucho?
> Vladimiro: No sé
> (silencio)
> Estragón: ¿A dónde iremos?
> Vladimiro: Cerca
> Estragón: ¡No, no, vayámonos lejos de aquí!
> Vladimiro: No podemos
> Estragón: ¿Por qué?
> Vladimiro: Tenemos que volver mañana
> Estragón: ¿Para qué?
> Vladimiro: Para esperar a Godot
> Vladimiro: Nos ahorcaremos mañana (tiempo). Salvo que venga Godot.
> Estragón: ¿Y si no viene?
> Vladimiro: Nos habremos salvado
> Vladimiro: ¿Vamos entonces?
> Estragón: Vamos
> (no se mueven)
> Telón final

Hay una quietud, un estatismo, una imposibilidad de hacer nada, y un «sin sentido» que irritó en su momento a los críticos, pero sigue conmoviendo a los espectadores.

¿Quién es Godot? Ni siquiera se sabe si existe o no, si viene o no, tampoco se sabe para qué viene. Pero su ausencia es la protagonista del drama. Ausencia que aplasta la acción y las posibilidades de los protagonistas.

La angustia, la ausencia de mensaje, la ausencia del personaje principal del drama humano, la ausencia de Dios se hace cada vez más visible en las manifestaciones artísticas de posguerra. Pero aparece otro elemento importante: esa ausencia le quita todo sentido a la vida y las cosas que la rodean.

El sentido de la vida

El grito triunfal del positivismo: «Dios ha muerto», se transformó en un gemido angustioso: «El hombre ha muerto». Esta «muerte del hombre» nada tiene que ver con su vida biológica, se refiere a la falta de sentido de la existencia. Esta carencia de sentido y significado es el problema fundamental del hombre actual.

Víctor Frankl dice que hoy el hombre «carece de un instinto que le diga lo que ha de hacer, y no tiene ya tradiciones que le indiquen lo que debe hacer: en ocasiones no sabe siquiera lo que le gustaría hacer. En su lugar, desea hacer lo que otras personas hacen (conformismo) o hace lo que otras personas quieren que haga (totalitarismo)... Este vacío existencial se manifiesta sobre todo en un estado de tedio. Podemos comprender hoy a Shopenhauer cuando decía que, aparentemente la humanidad estaba condenada a vagar eternamente entre los dos extremos de la tensión y el aburrimiento. De hecho, el hastío es hoy causa de más problemas que la tensión y, desde luego, lleva más casos a la consulta psiquiátrica... El vacío existencial se manifiesta enmascarado con diversas caretas o disfraces. A veces la frustración de la voluntad de sentido se compensa mediante una voluntad de poder, en la que cabe su expresión más primitiva: la voluntad de tener dinero. En otros casos en que la voluntad de sentido se frustra, viene a ocupar su lugar la de placer. Esta es la razón por la que la frustración existencial suele manifestarse en forma de compensación sexual y así, en los casos de vacío existencial, podemos observar que la libido sexual se vuelve agresiva».

Ionesco, Beckett y muchos otros interpretaron desde su mirador intelectual la problemática del hombre moderno. Víctor Frankl, discrepando con Freud, indica que las neurosis sexuales proliferaron a causa del vacío existencial. Pero la realidad descarnada que nos rodea evidencia cotidianamente el drama de un hombre que no encuentra el sentido de su vida.

La falta de sentido de la vida lleva a una búsqueda de satisfacción y placer que desemboca en prácticas auto destructivas.

La dependencia de las drogas, sean psicofármacos o alucinógenos, que crece tanto en los países desarrollados como subdesarrollados, tiene una explicación última en el profundo desaliento y la carencia de sentido para la propia vida. En algunos casos esta dependencia se manifiesta como alcoholismo, una práctica cada vez más extendida en occidente. Curiosamente muchas de las fiestas religiosas de Latinoamérica terminan en orgías y borracheras, testimoniando la vaciedad de la religión practicada.

El sexo se ha descontextualizado, en la búsqueda desmedida de satisfacción y placer a través de la sexualidad, se transgreden las normas morales, cayendo en aberraciones increíbles: homosexualidad, trasvestismo, sadomasoquismo, espectáculos pornográficos, prostitución, pornografía infantil, etc.

Se accede al matrimonio con la actitud egoísta de buscar satisfacer las necesidades personales de trascendencia y sentido de la vida, lo que lleva a exigir de la institución matrimonial una función para la que no fue creada. A la manera de la samaritana que dialogó con Jesús, los «muchos maridos» o las «muchas mujeres» denuncian una insatisfacción profunda que no se puede saciar en el matrimonio o el sexo, porque es de origen espiritual.

El dinero, los bienes materiales, son para otros una forma socialmente aceptada de canalizar su búsqueda de significado y sentido de la vida. En otros casos la persecución de notoriedad y fama es la meta tentadora en la que buscan satisfacción.

En medio de esta vorágine el tema de la muerte está vedado. Es un tema tabú, no se debe mencionar, la sola mención es temida como una convocatoria. En una sociedad hedonista, que busca «alegremente» el placer, la muerte no tiene cabida. Pero es la triste realidad a la que no encuentra respuesta en el hombre moderno.

El silencio de Dios

¿Qué piensa ahora el «hombre muerto», acerca de Dios? Una de las indagatorias más interesantes sobre el tema la realizó el director cinematográfico sueco Ingmar Bergman, un hombre atormentado, criado en el protestantismo y profundamente preocupado por indagar sobre el diálogo entre el hombre y Dios.

En una serie de películas que comienza con El séptimo sello, en 1956, y concluye con Persona, en 1966, analiza esta relación. Los títulos son sugestivos: El séptimo sello se relaciona en Apocalipsis con un gran silencio; otra película de la serie es El silencio; y la última, Persona, a la que vamos a referirnos, gira en torno al silencio.

Es la historia de una actriz, Elizabeth, que sorpresivamente enmudece en medio de una actuación teatral. Para su curación es aislada en una casa junto al mar, acompañada por una enfermera llamada «Alma» (el nombre es todo un símbolo). La acción es la lucha de dos voluntades: Alma buscando comunicarse, utilizando todos los recursos, desde la ternura a la agresión, y Elizabeth impenetrable en su obstinado silencio.

Una noche, Alma es despertada por Elizabeth y conversan. Al levantarse, por la mañana, Alma busca la confirmación del diálogo y vuelve a tropezar con el cerrado silencio de Elizabeth, lo que la deja perpleja. Finalmente Alma encara a Elizabeth y le intenta hacer repetir: «¡Nada! ¡Siempre Nada!» Balbuceante Elizabeth dice: «Nada». Luego Alma hace sus valijas y se va dejándola sola.

La película concluye sin la palabra «Fin», en un final abierto: Alma inicia un nuevo camino.

El tema de Persona es la lucha por la comunicación, por la respuesta. El protagonista es el silencio indoblegable de Elizabeth, que asume a Alma en la perplejidad, la confusión y la angustia.

El tema del silencio de Dios, que Bergman iniciara con El séptimo sello, donde un caballero medieval trata de tener certezas sobre el más allá, y que, a pesar de su duda, busca a Dios; se resuelve en Persona, donde se da por entendida la existencia de Dios, pero también la imposibilidad de la comunicación.

Dios guarda silencio, dice Bergman, un silencio obstinado frente a nuestra desesperación. A veces parece que hablara, pero nunca tenemos certeza.

Y lo que el hombre moderno busca es certeza, una certeza que venga de la comprobación científica.

No le interesa que Dios haya hablado en el pasado a través de la revelación escrita o de Jesucristo. Lo que le importa es tener una comprobable palabra personal en el presente. Esta búsqueda, que el hombre común sintetiza en la antigua frase: «Si no veo, no creo», es la negación del camino de la fe.

La actitud de Pilato, frente al silencio de Jesús, cuando dijo: ¿A mí no me hablas? ¿No sabes que tengo autoridad para crucificarte, y que tengo autoridad para soltarte? (Juan 19.10), es la misma del hombre de hoy. Pilato no tuvo en cuenta lo que Jesús había hablado y hecho, quería que le resolviera su problema. No le interesaba evaluar la trayectoria de Jesús, quería una solución inmediata y Jesús no respondía.

El hombre de hoy quiere un Dios utilitario, que le dé certezas de su presencia más allá de la fe, que solucione sus problemas inmediatos, y si no lo hace, lo relega a un segundo plano.

Escuchamos las preguntas del hombre de nuestra tierra: «¿Qué hace Dios ante tanta miseria? ¿Qué hace Dios mientras miles de niños mueren de hambre? ¿Qué hace Dios frente a la opresión y la violencia? ¿Por qué no actúa Dios ante la injusticia?», detrás de todos esos interrogantes lo que está diciendo es: «Dios guarda silencio».

Y sin embargo, Dios ha hablado, pero sobra soberbia y falta humildad para escucharlo.

Los caminos oscuros

La búsqueda de respuesta y sentido, dio lugar, en la segunda mitad del siglo XX a la apertura hacia otros caminos: hinduismo, budismo, ocultismo, voluntarismo, etc.

Si se nos permite la generalización diríamos que el hombre occidental ha pasado de la fe al racionalismo materialista para saltar finalmente a la irracionalidad.

El hinduismo ha penetrado a través de diversas manifestaciones: la gimnasia yoga, el movimiento «Hare Krishna», la meditación trascendental, la Nueva Era, etc.

Oriente ve ahora a occidente como un campo misionero importante: Los occidentales encuentran en el orientalismo una posibilidad de búsqueda y un paliativo a su angustia.

La doctrina de la reencarnación, donde la vida no se extingue, sino recomienza constantemente, tiene un singular atractivo para quien sufre por su intrascendencia. El yoga, que se presenta como gimnasia relajadora y mejoradora de la personalidad, despierta interés en los incautos, que no perciben el trasfondo religioso que se agrega posteriormente.

La meditación trascendental, con un disfraz científico, trata de mejorar los niveles de descanso, aliviar las tensiones y solucionar los problemas de la vida a través del «vacío mental».

Para evitar la complejidad del hinduismo en su forma original, la Nueva Era presenta las mismas propuestas, pero occidentalizadas, y penetra así con más facilidad. Cuenta para ello con personas famosas, que sin reparo promocionan estas nuevas doctrinas, pretendiendo que no tienen nada que ver con religión.

Resurge también el ocultismo a través de la proliferación de horóscopos, cartas astrales, tarot y todas las formas tradicionales de adivinación. A través de esto se va introduciendo una visión fatalista de la vida: El carácter se determina por el signo zodiacal, y el futuro por la posición de los astros. La astrología se ha convertido en un medio importante para justificar errores y eludir la responsabilidad personal.

Paralelamente recrudecen las doctrinas voluntaristas, enseñando que el éxito, el desarrollo de la personalidad y el equilibrio interior se logran sabiendo poner fe en uno mismo. Su literatura se difunde profusamente en todos los idiomas, para todas las edades: Juan Salvador Gaviota; Tus zonas erróneas; Yo estoy bien, tú estás bien; 60 horas que transformarán su vida; son algunos de sus títulos.

Algunas reflexiones

Esta intromisión de viejos caminos, que pretenden entrar como novedad en occidente, merecen algunas reflexiones.

Las propuestas, por su contradicción, afirman la desorientación del hombre occidental respecto a sí mismo. La astrología, ampliamente difundida a través de todos los medios, afirma el fatalismo de la vida humana: Todo aparece predeterminado, el hombre solo puede indagar y reconocer, pero no modificar, lo que los astros, en su soberanía, han determinado. El ser humano es un juguete del destino, movido por los hilos invisibles de los astros.

Pero, al mismo tiempo, las doctrinas voluntaristas ponen todo el énfasis en las posibilidades del hombre, en sus capacidades para determinar el destino. El hombre es dueño y artífice de futuro.

Los mensajes contradictorios muestran el grado de desorientación al que se llega cuando, alejándose de Dios, los hombres pierden el punto de referencia eterno. Por otra parte sorprenden algunas de las manifestaciones. Los que siguen las doctrinas voluntaristas niegan que tengan un contenido religioso. Sin embargo tienen un dios y un plan redentor: El hombre es su propio dios y su propio redentor, en él reside todo el poder para salvarse.

Las doctrinas voluntaristas afirman: «Di en tu corazón: Yo soy mi propio redentor. ¿Quién está por encima de mí? ¿No me he liberado yo mismo por medio de mi cerebro y mi cuerpo?» Esta es la síntesis descarnada. Pero la cita no pertenece a ningún libro que enseñe el voluntarismo. Es un párrafo de la Biblia Satánica, utilizada por la Iglesia Satánica que tiene su sede en los Estados Unidos. Vale la pena reflexionar sobre esto.

Las constantes de nuestro tiempo

El sexo y la violencia parecen ser las constantes de nuestro tiempo. Son ingredientes imprescindibles en cualquier espectáculo que quiera tener éxito masivo, y progresivamente los consumidores demandan más audacia de los productores.

El sexo ha sido totalmente descontextualizado: Mientras se exalta la sexualidad se denigra el matrimonio, ámbito en el que Dios la colocó.

Es que matrimonio significa responsabilidad, mientras que sexo significa placer. Dentro del marco matrimonial, la gratificación del placer está incluida en la asunción de responsabilidades. Pero la tendencia actual de buscar el placer y eludir la responsabilidad, transforma al matrimonio en una carga no deseada.

Esa filosofía imperante es propagada por la revista Playboy, cuya difusión alcanza a todos los países occidentales. Más allá de la pornografía, su director responde y publicita una filosofía de vida según la cual «el placer no necesita justificación».

Abre así la posibilidad de buscar al placer por el placer mismo, sin vínculo alguno con la responsabilidad. Para los seguidores de esta filosofía el gran peligro es crear afectos, porque eso liga a las personas, despierta la responsabilidad por el otro, por lo tanto debe ser eludido: El placer tiene que ser el único objetivo de la relación sexual.

Se transforma así al «otro» en un simple objeto, que existe en la medida que pueda «darme» placer. Pero acabado el placer no hay nada vinculante. El sexo, desprendido del afecto, tal como se predica en esta filosofía de gran arraigo en las nuevas generaciones, no solo atenta contra la ley de Dios, sino que destruye el concepto de «prójimo».

La palabra «amor» ha sido vaciada de su contenido; para muchos es sinónimo de cópula , por lo que hablan de «hacer el amor». Esta forma de vivir la sexualidad crea mayor angustia, lo que encierra al hombre en un círculo vicioso: Más angustia, más búsqueda de placer que vuelve a generar más angustia.

La búsqueda se transforma en desenfrenada y comienzan a saltar todas las barreras de normalidad, para buscar mayor placer. Por este camino se aceptan todas las formas de desviación sexual, ya que hay un solo objetivo.

Alguien ha señalado que el «Pienso, luego existo» de Descartes, se ha transformado hoy en «Copulo, luego existo», una afirmación moderna de la existencia.

La violencia, paralelamente, tiene un atractivo especial: Aparece como una solución rápida a los problemas humanos. El camino de la violencia pasa por encima de la racionalidad. Al esta agotarse y descubrir el hombre su limitación, establece su propia verdad a través de la fuerza.

Si los positivistas crearon una novela policial tradicional, donde una mente sagaz unía racionalmente las pistas para dar con el criminal, los agnósticos de la primera mitad del siglo XX crearon la Novela Negra o policial, donde la violencia prima sobre la racionalidad; y la justicia no se alcanza por los medios normales, sino por la acción directa, violenta y, muchas veces, al margen de la legalidad.

La violencia se llegó a transformar en ideología: El fin justifica los medios. Así se acepta todo tipo de violencia y violaciones de los derechos de los demás, pensando únicamente en los fines.

La sensación de instrascendencia, la limitación de la vida, la desesperación de pensar que lo único válido es el presente, desemboca finalmente en un hombre que hace un culto y una ideología de su propia violencia. No debe extrañarnos que habiendo negado los valores absolutos se levanten anti-valores para ocupar el lugar de aquellos.

Conclusión

En una iglesia colonial latinoamericana se llevaba a cabo una de las fiestas tradicionales. Veía entrar a los fieles cumpliendo con los sacrificios que se habían propuesto para alcanzar algún favor de Dios. Rodillas desolladas, espaldas sangrantes, pesadas cadenas aprisionando los tobillos y una expresión profunda de angustia en los rostros.

Tal vez superficialmente parezca que esto no tiene nada que ver con Ingmar Bergman. Sin embargo, la angustia intelectualizada del sueco y la angustia supersticiosa del promesante dicen lo mismo: «Nuestro Dios está en silencio, obstinadamente mudo, y estamos haciendo lo posible para que hable, que responda a nuestras necesidades inmediatas».

En otra plaza latinoamericana veo otra manifestación de fe, alguien con mucho fervor, promete a quienes se acerquen con fe a Dios la solución de sus problemas personales y la prosperidad. No lo sabe, pero está ofreciendo al pueblo un dios incansablemente buscado: El que soluciona los problemas del presente, que son los únicos que importan. Escucho atentamente, no hay una sola mención al pecado, el arrepentimiento o el castigo eterno. Es un dios que ofrece únicamente bendiciones. Un dios hecho a la medida del hombre de este siglo, que poco tiene que ver con el Dios Eterno de la Biblia.

Puede ser que a ese pueblito —perdido en la puna—, no haya llegado la sofisticación del tarot egipcio, pero allí está, envuelta en crespones negros una calavera, que determina el destino de los moradores de la casa, con igual fatalismo que la cartomancia, y una copa boca abajo, que predice el destino.

No veo en los cines pueblerinos latinoamericanos exhibir los grandes productos intelectuales, pero observo los subproductos, que en forma grosera pregonan las mismas ideas.

La aldea global hace que el pensamiento humanista se infiltre en todas partes, por todos los medios. Nada está libre de contaminación.

Ernesto Sábato, escritor y pensador argentino, confesamente agnóstico en una etapa de su vida, sin embargo decía: «De una cosa estoy seguro, el mal está organizado», reconocía la existencia de una mente rectora de la maldad y la decadencia.

Para Sábato esa personalidad organizadora del mal es innominada, para el cristiano tiene nombre y personalidad definidos.

El mundo al que predicamos

Capítulo 9: El mandato autoritativo

En la época renacentista, como dijimos, se iniciaron tres corrientes en el pensamiento occidental: El catolicismo romano, que acepta como fuente de autoridad la tradición de la Iglesia; el humanismo, cuya fuente de autoridad es la razón; y el protestantismo, que reconoce únicamente la autoridad de las Sagradas Escrituras.

Latinoamérica ingresa al mundo occidental con la conquista, que fue orientada por el catolicismo romano. La cruz y la espada señorearon durante siglos en nuestras tierras.

La evangelización en la Conquista

El tema de la Conquista se relaciona siempre con la evangelización, por lo que conviene aclarar qué significa evangelizar.

Si por «evangelización» entendemos el anoticiamiento de que existe una religión llamada «cristiana», basada en sacramentos, que debe ser aceptada compulsivamente, entonces Latinoamérica ha sido evangelizada.

Pero si por «evangelización» entendemos lo que enseña la Biblia, esto es, la proclamación del evangelio, para que libremente los hombres se arrepientan de sus pecados y acepten a Jesucristo como su único Salvador y Señor, cambiando su forma de vivir de manera espontánea, entonces América Latina no ha sido evangelizada.

La protesta de los teólogos ante la barbarie desplegada por los colonizadores, que sometían a esclavitud a los aborígenes, hizo que en el siglo XVI fuera prohibida la esclavitud de indígenas, por lo menos en lo formal.

Eduardo Galeano, en *Las venas abiertas de América Latina*, dice: «En realidad, no fue prohibida, sino bendita: antes de cada entrada militar, los capitanes conquistadores debían leer a los indios, sin intérprete pero ante escribano público, un extenso y retórico "requerimiento" que los exhortaba a convertirse a la santa fe católica: "Si no lo hiciereis, o en ello dilación maliciosa pusiereis, certificaos que con la ayuda de Dios, yo entraré poderosamente contra vosotros y os haré por todas las partes y maneras que yo pudiere, y os sujetaré al yugo y obediencia de la Iglesia y de su Majestad y tomaré vuestras mujeres e hijos y los haré esclavos, y como tales los venderé, y dispondré de ellos como su Majestad mandare, y os tomaré vuestros bienes y os haré todos los males y daños que pudiere..."»

La religión retórica y sacramentalista de los conquistadores, fue así impuesta a nuestros pueblos, que se vengaron introduciendo en los ritos y ceremonias elementos de su cultura pagana, producendo un sincretismo religioso totalmente alejado del cristianismo bíblico.

Los «Tribunales de la Inquisición», trasladados a América, impedían la llegada de las ideas humanistas y protestantes, prohibiendo y castigando la posesión de los libros producidos por estas corrientes. Juntamente con todos los escritos «herejes», se incluía las traducciones de la Biblia al lenguaje común, cuya entrada estaba prohibida.

Los barcos que atracaban en los puertos coloniales eran minuciosamente revisados por los inquisidores, que mostraban especial celo en impedir la llegada de ideas contrarias a sus intereses. El cardenal Hosius escribía en 1570: «Dar la Biblia a los legos es echar perlas delante de los cerdos. Las tradiciones bíblicas han hecho muchísimo daño; yo no quiero ninguna. La Biblia pertenece a la iglesia romana; fuera de ella no tiene más valor que las fábulas de Esopo».

El celo de la iglesia católica por evitar que la Biblia llegara al pueblo se mantuvo hasta muy avanzado el siglo XX.

América Latina está hoy superpoblada de iglesias, cristos, ritos y fiestas que la muestran como profundamente religiosa y cristiana. Sin embargo, esto no resiste el análisis: América Latina es un continente supersticioso y pagano. Los «cristos» latinoamericanos no tienen ninguna relación con el Señor Jesucristo revelado en los Evangelios.

La profusión de sacramentos y la ausencia de enseñanza ética unida al autoritarismo que caracterizó a la Conquista, hicieron de nuestro continente un lugar espiritual y éticamente carenciado, proclive a aceptar cualquier tipo de sometimiento con doloroso fatalismo.

Latinoamérica comienza a despertar con los movimientos revolucionarios del siglo pasado, y en el presente, venciendo su letargo, incluida por las comunicaciones en la aldea global de occidente, se presenta como un campo propicio para que toda semilla arraigue y fructifique: el humanismo ateo, las ideas liberales, los movimientos renovadores del catolicismo, las doctrinas esotéricas y/o el Evangelio de Jesucristo. Latinoamérica tiene una asombrosa capacidad de absorción, por eso todas las ideologías tienen cabida en esas tierras. La ingenuidad propia de los pueblos jóvenes la hace susceptible a todas las influencias.

Esta receptividad produce optimismo en todas las ideologías. Repetidas veces hemos escuchado que en el futuro «Latinoamérica será marxista», o «será liberal» o «protestante». Pero solo puede afirmarse con certeza que Latinoamérica está cambiando aceleradamente.

El humanismo avanza incontenible sobre ella, el catolicismo romano sabe que los viejos métodos represivos son cada vez más ineficaces. ¿Qué debemos hacer los cristianos aquí y ahora?

La necesidad de un enfoque bibliocéntrico

La influencia del humanismo se hizo sentir en el pensamiento teológico de los últimos siglos. Hemos sido influenciados a manejar nuestra reflexión en sentido inverso a los cristianos del pasado.

La realidad latinoamericana es triste: pobreza, miseria, sub-alimentación, ignorancia, sincretismo religioso, superstición son parte muchas veces de un cuadro desolador. Esta realidad nos puede querer llevar a desear partir del análisis sociológico, geopolítico o antropológico para llegar luego a la Palabra de Dios, y usarla como herramienta para producir cambios sociales o políticos. Luego, piensan muchos, llegará el momento de la predicación del evangelio, porque ¿cómo predicar a quien no tiene pan, vivienda o justicia?

El planteo parece muy lógico, pero en el enfoque prima el análisis humano, se coloca a la Palabra de Dios como herramienta y se posterga la misión evangelizadora.

Muchas veces creemos que si el análisis no sigue esa línea de pensamiento, demostramos insensibilidad social y menosprecio por las necesidades básicas del prójimo.

Debemos admitir, sin embargo, que los cristianos estamos puestos bajo autoridad. El planteamiento, por lo tanto, no debe hacerse partiendo de la realidad hacia la Palabra de Dios, sino de la Palabra de Dios hacia la realidad. Tenemos que preguntarnos: ¿Qué nos ordena la Biblia? ¿Qué mensaje tiene la Biblia para el hombre contemporáneo?

Este enfoque bibliocéntrico no permitirá que olvidemos nuestras inquietudes sociales, pero enfatizará las prioridades de acción.

Recordemos que nuestros primeros padres, Adán y Eva, cayeron por un enfoque antropocéntrico de la realidad que desplazó la autoridad de Dios. El mayor peligro que afrontamos es postergar el teocentrismo para favorecer al humanismo antropocéntrico.

Tengamos presente el fracaso de Saúl. Jehová le mando: Ve, pues, y hiere a Amalec, y destruye todo lo que tiene, y no te apiades de él; mata a hombres, mujeres, niños y aun los de pecho, vacas, ovejas, camellos y asnos (1 Samuel 15.3). Saúl ejerció un perdón al que Dios no lo había autorizado, librando de la muerte a Agag y lo mejor del ganado amalecita. Su actitud humanitaria hubiera sido aplaudida por las Instituciones de Derechos Humanos, y tal vez galardonada con el Premio Nobel de la Paz. Fue una actitud «humanista», políticamente correcta, que lo mostraba como un vencedor benévolo. Pero fue condenado por Dios, su actitud no fue teocéntrica.

La gran victoria del cristianismo primitivo sobre el Imperio Romano se consumó porque aquella Iglesia era teocéntrica, pero la decadencia medieval fue consecuencia del antropocentrismo.

El enfoque teocéntrico es forzosamente bibliocéntrico, reconoce la autoridad absoluta de la Palabra de Dios, y actúa de acuerdo con lo que en ella está ordenado.

El mandato autoritativo

Jesucristo, el Señor resucitado de los muertos, en los cuarenta días que estuvo con sus discípulos, habló con ellos acerca del reino de Dios (Hechos 1.3). Fue en ese momento, habiendo consumado ya la obra de la redención con su triunfo sobre la muerte, que encomendó a sus discípulos la tarea evangelizadora.

Mateo recoge en su evangelio las palabras que sintetizan la misión de los suyos en el mundo: Por tanto id, y haced discípulos a todas las naciones, bautizándolos en el nombre del Padre, y del Hijo y del Espíritu Santo, enseñándoles que guarden todas las cosas que yo os he mandado (Mateo 28.18-20).

Este mandato tiene vigencia actual, dentro de la expresión «todas las naciones» podemos colocar los nombres de cada uno de los países que componen nuestro continente. A ellos somos enviados para hacer discípulos, es decir, seguidores del Señor que conozcan sus demandas y las obedezcan.

En el Evangelio de Marcos se vuelve a señalar la responsabilidad de la tarea evangelizadora: Id por todo el mundo y predicad el evangelio a toda criatura, el que creyere y fuere bautizado será salvo y el que no creyere será condenado(Marcos 16.15-16). Es notable la forma en que enfatiza la universalidad de la tarea y la inmensa responsabilidad que conlleva por sus resultados: Condenación o salvación.

Inmediatamente se refiere a señales milagrosas que «seguirán a los que creen» (Marcos 16.17), mostrando que estas no formaban parte de la predicación, sino que eran el accionar con que Dios acompañaría el ministerio.

El tema a predicar fue también parte del mandato: Así está escrito y así fue necesario que el Cristo padeciese, y resucitase de los muertos al tercer día y que se predicase en su nombre el arrepentimiento y el perdón de pecados en todas las naciones (Lucas 24.46-47). Nuevamente el alcance es universal, y el mensaje tiene dos elementos fundamentales: Arrepentimiento y perdón de pecados.

La realidad del pecado y la necesidad de arrepentimiento —para la filosofía moderna— es un mensaje desactualizado y ofensivo, apropiado para el hombre ingenuo del medioevo, pero totalmente fuera de lugar en el mundo moderno. Sin embargo, la predicación del pecado y el arrepentimiento, por impopular y ofensiva que parezca, es la única forma de cumplir el mandato autoritativo del Señor y de trasmitir el genuino mensaje del Evangelio. Es imposible atenuar las demandas, así lo entendieron los apóstoles cuando comenzaron la tarea evangelizadora.

La estrategia evangelizadora también fue claramente definida por el Señor: Me seréis testigos en Jerusalén, Judea, Samaria y hasta la último de la tierra (Hechos 1.8). Un progresivo avance hacia las fronteras más lejanas era el camino trazado para la proclamación del mensaje. Comenzaba en la cosmopolita ciudad de Jerusalén, se extendía a la provincia inmediata, Judea, y de allí saltaba la barrera cultural y racial hacia Samaria, para internarse a lo ignoto de lo último de la tierra.

La contextualización del mensaje

¿No deberá atenuarse el mandato en nuestro Tercer Mundo? ¿No debemos contextualizarlo ante la realidad de opresión, miseria e injusticia en la que viven nuestros pueblos? ¿No es necesario primero apuntar a las necesidades materiales y sociales?

Muchos contestarían afirmativamente a estos interrogantes, por lo que merecen nuestro análisis.

El Señor Jesucristo entregó su mensaje a un grupo de galileos (Hechos 1.11; 2.7), que, como tales, representaban lo más indigno dentro de su propio pueblo. Estos hombres no eran eruditos formados a los pies de los grandes rabinos, al contrario, eran humildes pescadores formados para la lucha por la supervivencia en un rudo trabajo.

Eran los representantes empobrecidos del «Tercer Mundo» de aquella época, estaban bajo el yugo imperialista de Roma y nada tenían que ver con la intelectualidad griega. Seguramente veían a Roma y Grecia como hoy, desde el Tercer Mundo miramos al mundo desarrollado. Tenían los mismos problemas que nos aquejan hoy: gobiernos colaboracionistas como el de Herodes, traidores a la causa nacional como los publicanos, focos de violencia revolucionaria como los cananitas, e insoportables cargas impositivas que sostenían la disipación y el lujo del imperio.

Dentro de este contexto tan similar al nuestro, fue dado el mandato autoritativo del Señor: Predicar el Evangelio a toda criatura, a todas las naciones, hasta lo último de la tierra.

¿Constituía eso insensibilidad frente a los problemas sociales que vivían? ¿Tenía Jesucristo una visión miope? ¿Les enseñaba el «trasmundismo» para atenuar los sufrimientos de su realidad? De ninguna manera. En menos de 300 años la influencia de los cristianos había cambiado la faz del imperio, el cual se derrumbó con los cimientos socavados por la nueva fe.

El problema del hombre está en su corazón, nada podemos hacer modificando las estructuras si no cambia su corazón.

John R. W. Stott dice, refiriéndose a la evangelización:

> «Los cristianos tendrían que sentir compasión y un agudo dolor de conciencia frente a la opresión de otros seres humanos, o cuando se los descuida en cualquier sentido, sea que se les niegue libertades civiles, respeto racial, educación, atención médica, ocupación, alimentación adecuada, vestido o vivienda. Todo lo que tienda a menoscabar la dignidad humana tiene que resultarnos ofensivo. Pero, ¿existe algo más destructivo de la dignidad humana que la alienación de Dios como consecuencia de la ignorancia o el rechazo del evangelio? ¿Cómo podemos, además, sostener con seriedad que la liberación política y económica sean igualmente importantes que la salvación eterna?»

Observemos al apóstol Pablo cuando escribe con solemne énfasis acerca de su preocupación por sus compatriotas, los judíos: Verdad digo en Cristo, no miento, y mi conciencia me da testimonio en el Espíritu Santo, que tengo gran tristeza y continuo dolor en mi corazón. Porque deseara yo mismo ser anatema, separado de Cristo, por amor a mis hermanos, los que son mis parientes según la carne (Romanos 9.1-3). ¿Cuál era la causa de su angustia? ¿El que habían perdido la independencia nacional y se encontraban bajo la bota colonialista de Roma? ¿El que a menudo eran despreciados y odiados por los gentiles, boicoteados socialmente, discriminados y privados de igualdad de oportunidad? De ninguna manera. Hermanos, ciertamente el anhelo de mi corazón y mi oración a Dios por Israel, es para salvación (Romanos 10.1). Y el contexto aclara, sin dejar dudas, que la «salvación» que Pablo deseaba para ellos era su aceptación ante Dios (vv. 2-4).

La sensibilidad social de los cristianos

Los cristianos nunca han sido insensibles a las necesidades del prójimo. El primer dispensario gratuito de occidente, el primer asilo para ciegos, el primer hospital, fueron obra de cristianos. La condición del niño, la mujer y los ancianos, denigrada en el paganismo, fue jerarquizada por los cristianos.

Hoy mismo, todo nuestro continente está poblado de orfanatos, hogares de ancianos, centros de salud, organizaciones de recuperación de alcohólicos y drogadictos, asistencia al necesitado, obra entre los presos, etc., dirigidos por cristianos que muestran su coherencia con la misericordia manifestada por su Maestro.

Pero sería hacer un flaco favor a la sociedad, que los cristianos quisieran asumir las responsabilidades que han tomado o les han sido encomendadas a los gobernantes, a quienes se debe reclamar honestidad, fidelidad y eficiencia.

Tengamos en cuenta que la tarea evangelizadora es prioritaria, nadie puede cumplirla fuera de nosotros, mientras que las tareas sociales pueden ser instrumentadas aun por los incrédulos.

El Señor Jesucristo multiplicó los panes y los peces, dando de comer a la multitud, echó a los mercaderes que comerciaban en el templo con la fe de su prójimo, pero fue a la cruz. Esta era la razón de su venida a la tierra. Porque el problema humano no se soluciona con la distribución de las riquezas, el implantamiento de la justicia social o la violencia purificadora, sino con la redención.

Conclusión

Nuestra generación, como todas las demás, necesita confrontarse con la realidad de su pecado y la necesidad del arrepentimiento así como con la fe en Jesucristo como único y suficiente Salvador. Este es el mandato que hemos recibido del Señor, y que debemos cumplir con máximo celo. Una tarea de esas dimensiones no está exenta de peligros. La búsqueda de «éxito» o «impacto masivo», puede desviarnos —si no somos cautelosos—, de las metas propuestas. Recordemos que no somos llamados a ser exitosos sino fieles.

La autoridad suprema de la Palabra de Dios debe ser la base de nuestra predicación al incrédulo y nuestra constante enseñanza al creyente. No privilegiemos la experiencia personal por encima de la Palabra de Dios.

Una corriente peligrosa de experiencialismo ha invadido las filas cristianas. La experiencia forma parte de la condición humana, sirve como testimonio subjetivo, pero es peligrosa si quiere erigirse en verdad absoluta. Corremos el riesgo de formar una nueva corriente de pensamiento, cuya fuente de autoridad ya no esté en la Palabra de Dios, sino en la experiencia personal.

El mundo al que predicamos muestra síntomas inequívocos del fracaso racionalista. Sus utopías se derrumban, y la huida desesperada hacia la irracionalidad del ocultismo y el voluntarismo, muestran la ineficacia de las doctrinas elegidas.

En medio de este nuevo caos el Espíritu Santo se mueve sobre nuestro continente. Escuchemos al Señor: Alzad vuestros ojos y mirad los campos, porque ya están blancos para la siega (Juan 4.35). El vasto campo del mundo nos espera. Y Él está con nosotros «todos los días, hasta el fin del mundo».

El mundo al que predicamos

Apéndice A: La posmodernidad

Al finalizar la Segunda Guerra Mundial el humanismo, y con él la modernidad, entra en crisis y saltamos a lo que hoy imprecisamente llamamos posmodernidad. Para entenderla primero tenemos que definir las características más sobresalientes de la modernidad. Gianni Vattimo dice:

> «...la modernidad se puede caracterizar, en efecto, como un fenómeno dominado por la idea de la historia del pensamiento, entendida como una progresiva "iluminación" que se desarrolla sobre la base de un proceso cada vez más pleno dc apropiación y reapropiación de los "fundamentos", los cuales a menudo se conciben como los "orígenes", de suerte que las revoluciones, teóricas y prácticas, de la historia universal se presentan y se legitiman por lo común como "recuperaciones", renacimientos, retornos».[1]

Esta dinámica de apropiación y reapropiación de fundamentos originó la Reforma, que a su vez se readueñó de las Sagradas Escrituras, y también al humanismo, que se reapropió del clasicismo. Pero será una constante en el pensamiento occidental, que cada vez que se extravió o creyó haberse extraviado, buscó en sus fuentes los principios que cree son los fundamentos de la cultura.

Al negar el humanismo la existencia y presencia de Dios, nuestra civilización entró en crisis porque comenzaron a resquebrajarse sus raíces espirituales. Volvamos a leer lo que expresa Vattimo:

> «Parafraseando un dicho que circulaba hace tiempo, se podría comenzar esta discusión sobre el humanismo reconociendo

---

[1] Vattimo, Gianni, *El fin de la modernidad*, Planeta, Buenos Aires, 1994.

que en el mundo contemporáneo "Dios ha muerto, pero el hombre no lo pasa demasiado bien". Es solo un dicho, aunque también algo más, ya que en el fondo recoge y señala la diferencia que opone el ateísmo contemporáneo al clásico, expresado por Feuerbach. La diferencia consiste precisamente en el hecho macroscópico de que la negación de Dios o la admisión de su muerte no puede dar lugar hoy a una apropiación, por parte del hombre, de una esencia suya alienada en el ídolo de lo divino... es innegable que subsiste una conexión entre la crisis del humanismo y la muerte de Dios... Desde el punto de vista del nihilismo... parece que la cultura del siglo XX asistió a la extinción de todo proyecto de "reapropiación". En Nietzsche, como se sabe, Dios muere en la medida en que el saber ya no tiene necesidad de llegar a las causas últimas, en que el hombre ya no necesita creerse con un alma inmortal... el pos de posmoderno indica una despedida de la modernidad que, en la medida en que quiere sustraerse a sus lógicas de desarrollo, y sobre todo a la idea de la "superación" crítica en la dirección de un nuevo fundamento. [2]

La negativa a reapropiarse de fundamentos produce un salto al vacío. Es lo que se proclama como muerte de las ideologías (el pasado), y de las utopías (el futuro). Le queda, por lo tanto, al hombre posmoderno únicamente el hoy.

Características de la posmodernidad

Entre las características que definirían la posmodernidad se pueden enumerar, sin ser exhaustivos, las siguientes:

1. El utilitarismo. Todo vale en la medida en que pueda ser cambiado por otra cosa. Todo lo que sea enriquecimiento de la persona o crecimiento va cayendo en desuso. «El antiguo principio de que la adquisición del saber es indisociable de la formación del espíritu, e incluso de la persona, cae y caerá aún más en desuso. Deja de ser en sí mismo su propio fin, pierde su "valor de uso"». [3]

---

[2] Ibíden
[3] Lyotard, J.F., La condición posmoderna, Cátedra, Madrid, 1989.

2. Pérdida de las ideologías, tradiciones o manifestaciones históricas que no tengan una utilidad inmediata práctica.
3. Ética consensual. Todo debe resolverse por el buen sentido y la opinión mayoritaria. No es una ética basada en principios, sino en estadísticas.
4. Búsqueda prioritaria de lo hedónico, evitando todo sacrificio o costo. Entrega al consumismo como único sentido de la vida.
5. Desprendimiento de toda actitud crítica con respecto al futuro, por lo tanto no se miden las consecuencias de lo que se hace.
6. Percepción única de la realidad superficial, sin profundidad en el análisis ni en los contenidos.
7. Poco respeto por la vida humana.

«La vida humana vale solo si tiene calidad para ser gozada, pero de ningún modo vale incondicionalmente; de aquí el postulado ético de la calidad de la vida defendido por la posmodernidad, que sustituye a la sacralidad de la vida, propio de la modernidad y de épocas anteriores. Un investigador de este momento, como Singer, ha dicho, por ejemplo, que la vida de un cerdo sano es mucho más respetable que la de un niño con el síndrome de Down». [4]

La iglesia posmoderna

La posmodernidad no solo está dando un perfil frívolo, tosco y superficial al hombre de hoy, perfil que tiene que ser analizado para establecer adecuados vínculos de comunicación; sino que además asume una actitud en cuanto a los fundamentos de la iglesia.

La Reforma rescató a las Sagradas Escrituras, para el mundo occidental, como base inamovible de fe, y centralizó el púlpito, desde el cual no solo se predicaron sermones, sino que también se hicieron extensas lecturas públicas de la Palabra de Dios.

La centralidad de las Sagradas Escrituras fue el elemento fundamental que permitió el despegue de la esclavitud del sacramentalismo; la Biblia, traducida a las lenguas vernáculas, fue destruyendo el

---

[4] Roa, Armando, *Modernidad y posmodernidad*, Andres Bello, Santiago de Chile, 1995.

oscurantismo produciendo un movimiento de renovación y libertad del cual somos herederos hoy.

La contrarreforma, por su parte, intentó volver a divorciar al pueblo de la Palabra de Dios, negándole el derecho a recuperar su genuina fuente de vida, por lo que cada lector de las Sagradas Escrituras, aun en el propio clero, era sospechoso de herejía; pero fracasó porque hoy, hasta en sus últimos y más estimados baluartes, los países latinoamericanos, la Palabra de Dios ha estado al alcance del pueblo.

Actualmente, sin embargo, la influencia de la posmodernidad, ha golpeado de manera directa y sutil este fundamento. Tom Houston habla del analfabetismo bíblico que invade las iglesias y comenta al respecto:

> «¿Por qué sucede esto en la actualidad, cuando existen muchísimas traducciones, nuevos formatos y gran cantidad de ayudas bíblicas...?» Hay varias razones. El interés de las personas está siendo desviado o se le está dando otro énfasis a las actividades de las iglesias, tales como: experiencias emocionales, eventos sociales o sobre dimensionamiento de la música, la alabanza y el aconsejamiento sicológico. El crecimiento de los medios de comunicación electrónicos y los cambios en los métodos educativos están guiando a la gente a leer cada vez menos.
>
> «Las personas que cumplen el rol de mantener una iglesia bíblicamente alfabetizada están desapareciendo muy sutilmente, y no están siendo reemplazadas».

La acción del enemigo ha sido sutil. No ha podido con la contrarreforma externa, por lo tanto ha levantado otra en el mismo seno de la Iglesia, utilizando a cristianos que incautamente desvían al pueblo de Dios de su rumbo. La sutileza está en que nadie ataca a la Palabra de Dios directa y frontalmente, pero se la relega para poner en su lugar programas que apelen a la parte social o emocional desplazando en forma lenta la exposición de las Sagradas Escrituras.

Un amplio espectro de cristianos no son confrontados por la Palabra de Dios para vivir vidas santas, ni ellos confrontan a los no creyentes para que se arrepientan de sus pecados y vengan a Jesucristo. Al contrario, se convoca a los cristianos para alabar y vivir experiencias emocionales, y a los incrédulos para que reciban sanidad física y prosperidad económica.

La convocatoria apunta a satisfacer el hedonismo y utilitarismo que caracteriza al hombre posmoderno: Al Señor Jesucristo se lo presenta como un proveedor de satisfacciones temporales y terrenas quitándose al mensaje el contenido soteriológico trascendente y eterno.

Esta forma de iglesia posmoderna está llevando a cabo una labor que envidiaría el inquisidor Ignacio de Loyola: Está convirtiendo al evangelio en otra forma de oscurantismo fetichista medieval, al más rancio estilo romanista.

La contrarreforma interna evangélica

La Reforma, al recuperar el fundamento de la Palabra de Dios, perdido en los laberintos del medioevo, abrió la posibilidad de construir sólidamente. La actitud posmoderna sigue exactamente la dirección contraria a la de los reformadores, por lo tanto forma parte de lo que llamo «Contrarreforma Interna Evangélica», esto último no porque responda a los ideales del evangelio, sino porque nace en el mismo seno del pueblo evangélico.

El relegamiento de las Escrituras y la predicación expositiva trajo aparejado tal debilitamiento de la iglesia en general que la hace extremadamente vulnerable y convierte a una gran parte de los cristianos en «niños fluctuantes, llevados por doquiera de todo viento de doctrina» (Efesios 4.14); un empobrecimiento espiritual de tal magnitud que nos hace presagiar tiempos difíciles y de retroceso espiritual.

Las manifestaciones de esta contrarreforma interna pueden resumirse en lo siguiente:

1. Ignorancia e interpretación antojadiza de la Palabra de Dios. El pueblo de Dios ha bajado en su conocimiento y uso de la Palabra de Dios. Algunos lo atribuyen al surgimiento de una cultura audiovisual avasallante. Sin embargo, no se ha visto en el liderazgo un esfuerzo genuino por elaborar una predicación útil para la circunstancia.

2. Desvalorización de la adoración. Los cultos tienen por objeto satisfacer las necesidades emocionales de los cristianos, que alaban

a Dios para sentirse bien. La adoración se transforma en una actividad eminentemente emocional y se confunden manifestaciones emocionales con espirituales. El analfabetismo bíblico hace que el énfasis sea veterotestamentario, con pocas referencias a la cruz, el perdón, la redención, etc. Las letras se van vaciando de contenido bíblico, se infantilizan cada vez más y son innecesariamente repetitivas.

3. Bajo nivel de preparación ministerial. El poco énfasis en las demandas bíblicas para el ministerio está produciendo obreros cada vez menos preparados, aptos únicamente para trabajar con los sectores más iletrados de la sociedad. Como consecuencia, la iglesia va perdiendo lentamente su impacto en los sectores intelectuales o de clase media y alta. La falta de enseñanza acerca de disciplinas espirituales hace que emerjan obreros con problemas emocionales y se eleve el número de escándalos morales.

4. Paulatina destrucción del sacerdocio universal. Se levantan obreros que pretenden tener carismas especiales y se colocan como intermediarios entre Dios y el pueblo, como mediadores de la bendición y los dones de Dios. Esto hace renacer el clericalismo pre-reformador.

5. Desvalorización de Dios y penetración de herejías. La imagen de Dios se desdibuja. Aparecen herejías que pretenden que Dios es un ser manejable por el hombre. En otros casos se habla del hombre «perdonando a Dios» o se le da un tratamiento igualitario. Las herejías en torno de la persona de Dios, el Espíritu Santo, Satanás o Jesucristo son ignoradas en muchos casos porque se ha perdido la capacidad crítica, y en otros porque se piensa que la convivencia debe condescender con lo que denomina «otras formas de pensar».

6. Fetichismo y sacramentalismo. Se van detectando formas de fetichismo con ropas, útiles, alimentos, etc., y lentamente se va deslizando la fe hacia el sacramentalismo, donde los símbolos imparten gracia.

Propuestas

La crisis apunta directamente al «liderazgo» de la iglesia, que ha perdido su condición de siervo para constituirse muchas veces en gerentes de instituciones cuyo objetivo, como el del neoliberalismo posmoderno, es levantar las estadísticas indicadoras de éxito.

Para hacer una reforma saludable hay que comenzar por darle más importancia a la formación bíblica y espiritual de los futuros siervos, que tienen que estar capacitados para trabajar con los intrincados problemas del alma humana.

En el plano práctico se impone una segunda reforma, en la que haya hombres comprometidos con Dios que se atrevan a denunciar las desviaciones buscando su corrección cuando esta fuera posible. Esta segunda reforma tendrá que volver a enfatizar la enseñanza de la Palabra de Dios y la predicación expositiva, teniendo en cuenta las demandas del hombre moderno, pero sin disminuir el contenido abstracto de la fe; al contrario, debe hacer que ese contenido sea accesible a través de una homilética que privilegie la imagen visual, pero que tenga en cuenta que «Dios quiso salvar al hombre por la locura de la predicación».

Este vertiginoso y cambiante mundo nuestro, dispuesto a abandonar la modernidad, pero a la vez negándose a recuperar los fundamentos como lo hicieran las generaciones anteriores, y dispuesto a vivir la libertad como emancipación de toda norma moral, que rechaza al Dios de la Biblia pero no tiene reparos en abrirse a las religiones orientales, el pensamiento mágico, o las propuestas descabelladas de gurúes, horoscopistas, tarotistas, mentalistas, parapsicólogos o sanadores, es hoy un verdadero desafío para cada cristiano.

Un reto que no puede cumplirse si dejamos que la iglesia sea vapuleada por cuanta moda surja de la afiebrada mente de quienes quieren hacer del ministerio un espectáculo para su propio beneficio. Pero podrá cumplirse si con espíritu de verdadera humildad y mansedumbre volviéramos al Señor.

Apéndice B: Una perspectiva más amplia de la postmodernidad

Por Les Thompson

El sociólogo ruso, Mikhail Epstein, en su libro Más allá del futuro, lacónicamente define la palabra postmodernidad con solo decir: «después del tiempo».[5] Tomás Oden (profesor de teología de Drew University, Madison, New Jersey) lo define como «la antítesis del espíritu moderno».[6] En su excelente análisis, Antonio Cruz (doctor en ciencias biológicas y profesor del Instituto Investigador Blanxart de Terrassa, España) lo explica de la siguiente forma: «Es una nueva forma de pensar y de entender al mundo».[7]

Se trata de un nuevo modo de ver la realidad que revuelca toda noción previa de lo que es la vida, el mundo, y lo sagrado. Buscando el origen de este movimiento, retornamos al siglo pasado para estudiar las ideas del filósofo alemán, Federico Nietzsche. En 1883, escribió un libro que tituló Así habló Zaratustra. Allí, apropiándose del legendario reformador religioso iraní, Zaratustra (c. 700-630), le hizo anunciar la muerte de Dios y prometer la llegada del superhombre (por supuesto, conceptos de Nietzsche y no de Zaratustra). Deshaciéndose así de Dios, Nietzsche concibió un mundo en que el hombre actuara a su antojo (como si Dios, la religión, el pecado, el juicio final, y el infierno ya no existieran). Si con la muerte de Nietzsche estas ideas locas hubieran ido al olvido, el mundo habría seguido más o menos por su mismo rumbo. Pero, como un mal sueño, las nociones de Nietzsche han reaparecido, y con una fuerza incontenible.

De paso, la historia latinoamericana del siglo pasado nos da un breve roce con el pensamiento nietzschista. La hermana de él, Elizabeth

---

[5] Mikhail N. Epstein, *After the Future*, University of Massachusetts Press, Amherst, p. xi.
[6] Millard J. Erickson, *Postmodernizing the faith*, Baker Books, Grand Rapids, Michigan, 1998, p. 50.
[7] Antonio Cruz, *Postmodernidad*, Editorial CLIE, Barcelona, 1996, p. 11.

Nietzsche Forster con su esposo Bernahard [8], creyendo al pie de la letra las ideas del enloquecido hermano y cuñado, juntaron a un grupo de 40 familias alemanas (160 personas) y se trasladaron a Paraguay (1883), para colonizar 22,000 hectáreas que el gobierno les regaló.

Su propósito era establecer una colonia de superhombres —hijos de la raza alemana «superior». Como es de esperarse, el experimento paraguayo resultó en vergonzoso fracaso, anticipando otro idéntico que sufriría medio siglo más tarde Adolfo Hitler (1934-1945), luego del espantoso asesinato de seis millones de judíos con miles de otros que el fascista alemán consideraba inferiores.

El caso es que, resucitando aquellos conceptos enunciados en Así habló Zaratustra, un grupo de filósofos de nuestros días comenzaron a coquetear con esas ideas, no solo enamorándose de ellas, sino declarándolas como la solución ideológica para el siglo 21. Fue Leslie Fiedler, en 1965, quien le diera el nombre al movimiento de posmodernidad.

En 1979, un filósofo francés, Jean-Francois Lyotard (luego de analizar los alborotos de París en 1968), escribió Le condition postmoderne, declarando que definitivamente el mundo moderno había llegado a su fin. Ninguna historia, fuese esta contada por Moisés en la Biblia, por Carlos Marx, por Brigitte Bardot, o por MTV, podría satisfactoriamente explicar la sociedad humana. Lo único que permanecía del pasado eran los juegos lingüísticos de la élite, que, según él, torcían la verdad a su gusto.

Peor que la plaga del SIDA, los conceptos de la posmodernidad pegaron. Quizá por el gran vacío filosófico creado inesperadamente por la caída de la Muralla de Berlín y el fracaso espectacular del comunismo, estas ideas fueron agarradas como medicina revitalizante para los sociólogos, sicólogos y filósofos. El caso es que hoy la gran mayoría de los filósofos y pensadores modernos predican desde sus púlpitos la idea de un mundo sin Dios, sin prohibiciones, sin reglas, sin fundamentos; un mundo impulsado frenéticamente por el intelecto desenfrenado del hombre.

---

[8] Elizabeth Nietzsche Forster, *Dr. Bernhard Forster, Nueva Alemania en Paraguay*, Berlín, 1891, pp. 44-51.

¿Qué comprende la posmodernidad?

Concordamos que esta es en verdad una manera nueva de visualizar al mundo, pero la visión que nos presentan estos posmodernos es temerosamente radical. Al desechar a Dios y a las normas de conducta pasadas, «este nuevo gnosticismo celebra la experiencia por encima de la doctrina, lo personal por encima de lo institucional, la fantasía y lo mítico por encima de lo cognitivo, la religión del pueblo por encima de la religión oficial, las suaves y bondadosas ideas de Dios por encima de las enseñanzas fuertes e impersonales, lo femenino y andrógino por encima de lo masculino...».[9]

Los posmodernos se caracterizan por su profunda desconfianza de la historia, de la experiencia y de las afirmaciones del pasado, particularmente en lo religioso. Por ejemplo, dice Oden que la tesis de la modernidad (se llama «moderno» al sistema y la cultura de pensamiento que hemos conocido y vivido en el mundo desde la Ilustración) es totalmente «corrupta, disfuncional, obsoleta y anticuada».[10] Es decir, si cree en Dios, si acepta la Biblia como verdad, si cree en lo bueno y en lo malo, si cree que hay un cielo y un infierno, entonces usted es disfuncional, corrupto, y anticuado.

Los posmodernos procuran crear un novedoso sistema para analizar todo concepto bajo el supuesto de que los sistemas del pasado no nos han servido bien —por lo tanto hay que «deconstruirlos»—, para hacer una «reconstrucción» adecuada para el mundo presente y futuro. «Asumen una superioridad cronológica en la forma de conocer lo moderno, en contraste con la manera de conocer el pasado», dice Millard Erickson.[11]

Es un movimiento creciente, poderoso y antagónico a todos los conceptos tradicionales del pensamiento humano. Descartan todo lo afirmado en el pasado, cosa que afecta su interpretación de la historia, la literatura, la religión, la Biblia, la política, la educación, la sociología, y hasta la misma ciencia. A veces pareciera que la gran mayoría de la gente pensante —los intelectuales, científicos, filósofos, maestros y profesores, y hasta teólogos— han pescado el anzuelo para

---

[9] Michael Horton, *In the Face of God*, Word Publishing, p. 29.
[10] *Erickson*, op. cit., p. 54.
[11] *Ibid.*, p. 46.

sumarse a esta ola filosófica invasora que procura transformar el modo de pensar de toda la civilización del siglo 21.[12] Dondequiera se ven, se oyen, y se practican los ideales posmodernos.

Sus presuposiciones

Para comenzar, los postmodernos rechazan el concepto básico de que hay una «verdad objetiva». Nos hacen recordar que la Ilustración prometió librarnos de nuestros mitos por medio de la ciencia. Nos prometió que todo el conocimiento humano sería unificado para ofrecernos una grande y noble teoría de la vida. Pero, al crecer la ciencia, en lugar de unificarse, se fue dividiendo en nuevas disciplinas que pronto ni se entendían entre sí. Toda unión desapareció. Háblese de arte, religión, política o humanidades —cada una de las cuales con su propio paradigma—, si se analizan las diferencias que existen entre cada una de ellas —sin sumar a ello la gran variedad de culturas, cada una con sus propias realidades— ¿dónde queda la verdad? Las contradicciones la matan. ¡No existe! Por tanto, concluyen, no hay tal cosa como una verdad absoluta en la que se puede confiar.

¿Cómo explican sus conclusiones?

Simplemente declaran que la «verdad» no es una, ni universal, sino que emana de agrupaciones de gente que gradualmente van creando sus ideas y explicaciones para todo. Cada agrupación, cada cultura, cada región tiene su verdad. Por lo tanto, no hay una verdad universal que se sobreponga a todo (como reclamamos los que amamos la Biblia y creemos en lo que Dios ha dicho), al contrario, dicen, hay un sinnúmero de verdades.

Refiriéndose al pasado, explican que para contestar las preguntas más difíciles sobre la realidad, el hombre desde su comienzo simplemente creó «símbolos».[13] Por ejemplo, los judíos crearon la idea de Jehová, de Adán, del diluvio y los Diez Mandamientos. Más adelante, en tiempos del Nuevo Testamento, los cristianos crearon a Jesucristo, al Salvador, a la cruz, etc. Concluyen, pues, que estos no vinieron por medio de un Dios que los reveló, más bien fueron «construcciones» de

---

[12] The Death of Truth
[13] Reality Isn't What It Used To Be

gente en el pasado que buscaban respuestas para las preguntas difíciles de la vida.

Tampoco creen que tales conceptos religiosos puedan tener aplicación universal (verdades como la salvación por la fe en Jesucristo que se aplica a todo el mundo), pues los hindúes, los musulmanes, los de la Nueva Era, y todas las religiones tienen sus propios y distintos símbolos. Nadie, afirman ellos, puede decir que la creencia de una agrupación es más «verdad» que otra. Sencillamente, no hay tal cosa como «una verdad absoluta».

De paso, este tipo de argumentación lo llevan no solo a lo religioso, sino a toda otra esfera, sea historia, ciencia, matemáticas, literatura, etc. Por tanto, si no hay «verdad», entonces lo único que se puede creer es lo que uno siente. Hay que desconfiar toda conclusión que salte de un razonamiento lógico. Lo que la gente creía en el pasado —ni lo leído, ni lo estudiado, ni lo aprendido— tiene validez. Llaman «objetivistas» a los que aceptan las «historias» de la Biblia, o los conceptos del mundo pasado, como si no fueran ellos realmente «confiables», «verdaderos», o «reales».

Por ejemplo, el posmoderno W. T. Anderson, típicamente dice: «Nosotros rehusamos aceptar esa idea del "ojo de Dios" que ve todo y que algunos creen ha revelado realidades no humanas. Nunca lo hemos aceptado ni lo aceptaremos». [14]

Si niegan todo, ¿en qué creen? Interesantemente siguen creyendo en la importancia del conocimiento. Hablan con entusiasmo de las computadoras que cada día se achican y se hacen más accesibles, pues con ellas más gente puede acumular más y más datos.

«¡Información!» —esa es la nueva moneda del mundo posmoderno. Los datos se recogen, la información se acomoda, y las decisiones se hacen a base de esas «realidades» mecánicas —que, en fin, se convierte en la «biblia» de ellos.

Con los datos recopilados, la gente se puede fijar en que «todo el mundo lo está haciendo» —es decir, disfrutando de la nueva libertad y de la conducta licenciosa que hoy se riega. El estímulo, pues, es totalmente hacia el libertinaje. Por la cibernética se animan unos a

---

[14] *Ibid.* p. x.

otros a meterse en lo que antes se consideraba asqueroso, compartiendo las ideas más bochornosas imaginables. A través de las revistas, el cine y la televisión, se estimula a la gente a imitar a los artistas de vanguardia. Como ya se ve, mientras menos ropa viste la mujer más a la moda está.

Lo que prevalece es enterrar la moralidad pasada, y dejarse llevar por la nueva. Es quitar los frenos de la vida; gozar de lo que más satisface, sea eso drogas, alcohol, sexo, orgías, o entregarse a las fantasías más exóticas. El nuevo evangelio predica que «nada es malo». Si los datos publicados se pueden creer, gran parte del mundo está creyendo y siguiendo esta nueva «realidad posmoderna». ¿Podremos detener esa ola? Recuerde que no se les puede hablar de «verdad virtuosa», pues ella, junto con Dios, murió.

Al tratar de realidades, sistemas de pensamiento, o de conceptos, usan la idea de «construcción». Según ellos, cada agrupación «construye» sus propias «historias» o «realidades», como los narrativos hebreos de la Biblia, o los mitos de los babilónicos, o los cuentos antiguos, que gradualmente llegan a ser aceptados como «verdad». Hoy día, al llegar a sus nuevos planteamientos y conclusiones, ellos mismos se auto-denominan «constructivistas sociales de la realidad». En otras palabras, hacen lo que acusan hacer a otros en tiempos pasados, pero creen que sus conclusiones son más válidas.

Creyendo que cada idea que no brota de ellos es corrupta, disfuncional, y obsoleta, lo que en realidad hacen es «deconstruir» —destruir— todo lo que antes se había creído: Dios, iglesia, moral, Biblia, pudor, honestidad, virtud, honor, decencia. Además, a cualquiera que se les opone enseguida lo tachan de anticuado. Por ejemplo, si uno se atreviera a oponerse a sus tesis y levantara argumentos razonables en contra de sus supuestos, lo más probable es que enseguida responderían con argumentos ad hominem, atacando al carácter del que se les opone en lugar de responderle con argumentos bien razonados.

Con tal proceder pretenden construir un nuevo sistema de pensamiento universal mejor, algo intelectualmente congruente para la civilización presente y futura.[15]

Justificaciones que ofrecen

Para justificar la conclusión de que los sistemas e ideas de antaño no sirven y están erradas, señalan eventos y tendencias, como las grandes y sangrientas guerras, la bomba atómica, el hambre y la miseria, la violencia, la injusticia, y la corrupción, y le echan la culpa a la modernidad.

Fácilmente muestran que el mundo está harto de las promesas falsas y las mentiras de sus gobernantes (Hitler que traicionó a los alemanes; Lenin a los comunistas socialistas; Nixon a los americanos; Castro a los cubanos; ad infinitum). Sobre tales cenizas declaran la necesidad urgente de formular nuevos sistemas de pensamiento y acción.

Es más, apuntan a la polarización creciente en el mundo. Muestran que antes las líneas parecían muy claras: los socialistas tenían una clara visión de sus programas y agendas para cambiar al mundo. Igualmente los capitalistas estaban unidos en cuando a su política mundial. Pero hoy, dondequiera que uno mira, hay caos y desacuerdos profundos.

Veamos la familia. Hay debate entre los padres acerca de la manera en que se debe educar a los hijos (¿debemos enseñarles un tipo de moralidad específica en las escuelas publicas —por decir, la conducta moral de la Biblia?). Hay debate entre los políticos (¿cómo es que mejor se protege a los menesterosos y marginados?). Hay debate entre las posturas religiosas (¿no sería mejor ser más tolerantes y abrazarnos unos a otros, no importa la fe, en lugar de ser tan dogmáticos?).

Por todas partes hay desencanto, dicen. Véase la cantidad de personas que abandonan tanto a la iglesia católica como la protestante. Fíjese en lo moral, las normas estricta del pasado que a diario son puestas a un lado. Observe lo social —hoy está cada uno por lo suyo, ya no se respeta al prójimo. Hay corrupción en la religión, en la política, en la ciencia, en el negocio. No se puede creer en nada; solo se puede cree

---

[15] *Ibid.*, p. x.

en uno mismo, y en nada ni nadie más. Es hora de buscar una nueva solución, una nueva ideología.

Es más, este mundo se achica más y más. Vivimos en una aldea global. Se tiene, por lo tanto, que encontrar un sistema coherente y práctico que una en lugar de dividir. Hay que crear una nueva y mejor civilización, un nuevo sentido de lo que es nuestra realidad social.

¿Cómo reaccionar?

Cuando uno suma todas estas argumentaciones, el razonamiento parece creíble. Pero, pongámonos a pensar. ¿Cuánto más aceptable y razonable es la explicación que da la Biblia? Pablo les cuenta a los cristianos de Filipos que ellos viven «en medio de una generación torcida y perversa» (Filipenses 2.15). ¡Qué bien lo explica!

El problema mundial no es de guerra, ni injusticia, ni iniquidades. El problema es que los hombres y las mujeres se han entregado al pecado. Y así pasa con cada civilización que el mundo ha conocido: la hebrea, la egipcia, la persa, la griega, la romana, incluso la moderna.

Cada una ha sido carcomida por ese mal interno que Dios llama «pecado». Cada civilización falla, no por falta de leyes, ni de justicia, equidad, filosofía o conceptos. Falla a consecuencia del terrible mal interno que yace en cada hijo de Adán y cada hija de Eva. El gran problema es la pecaminosidad de toda la ciudadanía del mundo.

En Romanos 1.18-32 se nos describe el proceso usado por Dios —el apóstol lo clasifica como «ira de Dios»— para enjuiciar el pecado de la humanidad. Se nos indica que Dios hace dos «revelaciones»: la primera es la del evangelio, que lleva a una gloriosa transformación personal del carácter de los que lo reciben. También a una bendita reconciliación eterna con el mismo Dios.

La segunda revelación es la de su ira. La manera en que el apóstol define y explica esa «ira» nos interesa. Lo primero que nos hubiéramos imaginado es a un Dios airado, violento, furioso y enojado. Pero no. Dios no llega al mundo pecador con un garrote, ni aun con relámpagos y azufre del cielo. Dios revela su ira, dice el apóstol, en tres pasos, cada uno sensible y calmado.

Cuando el hombre niega a Dios, Dios lo coloca en un camino que va en descenso. Ese camino se conoce por tres «entregas por parte de

Dios». La primera es que los entrega a la impureza sexual (v. 24). Fíjese en las conversaciones del hombre sin Dios. Lo sexual es central. Cómo disfrutar del sexo, cómo gozar sin sufrir consecuencias, cómo se gozó en la última conquista, cuáles son los planes para disfrutar el fin de semana. Se vive para satisfacer esas pasiones.

Considere los resultados. ¿No es espantoso como el hombre, que se entrega a sus pasiones, gradualmente se auto-destruye? Pierde su carácter, su hogar, sus hijos, sus amigos, su reputación, su dinero. Lea las revistas o el periódico, vea la televisión. ¿No son esos desastres humanos que llenan las páginas a diario parte de la ira divina? Desapercibidamente, la ira de Dios se revela entre esos sucesos.

En segundo lugar, al no llegar al arrepentimiento y seguir negando a Dios y a su Palabra, Dios los entrega a otro paso más peligroso todavía: a pasiones degradantes, como la homosexualidad y el lesbianismo (vv. 26-27). Estudie al homosexual, ¡qué cuadro presenta ese ser que pierde toda su hombría! A escondidas y en sitios oscuros, vergonzosamente se entregan a su vicio deshonroso, convirtiéndose de modo gradual en un individuo descorazonado y deshumanizado. Considere a la lesbiana, ¡una patética mujer que, al despreciar su virtud, pierde su nobleza y feminidad, para terminar destruida en las llamas de su pasión!

¿En qué termina la homosexualidad? Concluye en una sociedad sin familias, sin futuro, que ha perdido toda calidad de vida, sin significado del verdadero amor, la verdadera fidelidad, el cariño, la protección normal de un hogar. Todo se ha perdido, quedando solo incurables enfermedades, un gozo ligero, insatisfactorio y pasajero, y el alma en un vacío aterrador. Seres que son solo trazos de lo que Dios creó.

Si aun no hay arrepentimiento, si persisten en su incredulidad, Dios preserva un tercer y peor juicio: les entrega a una mente depravada (vv. 28-32). La palabra usada para «mente», nous en griego, quiere decir «la facultad del saber y el entender» o «el centro del entendimiento». La idea es que Dios castiga al hombre privándole de la capacidad para pensar correcta o sabiamente. En otras palabras, le lleva a la insensatez, demencia, o locura. La persona pierde toda capacidad para razonar con inteligencia. Acepta cualquier argumentación ilógica, se entrega a nociones completamente locas. Se vuelve una bestia (recuérdese a Nabucodonosor, Daniel 4.29-33): ¡deshumanización completa! Actúa más como un animal que como un ser creado a la imagen de Dios. Pierde toda característica divina para portarse bestiamente.

A veces hablamos de gente que comete cosas terribles: «¡Han perdido su sentido. Están locos!» Igual que Nabucodonosor, Nietzsche, los filósofos, catedráticos, científicos, intelectuales y la mugre multitud que les sigue en su desprecio por Dios, llegan a enloquecerse en su pecado y maldad. Ni se dan cuenta de lo lejos que están de Dios.

Esa es la manera, dice Pablo, en que la «ira de Dios» castiga al hombre. Esos son los pasos que Dios usa para castigar una civilización tras otra. Ahora le toca a nuestro mundo moderno. A veces imperceptibles, esos pasos de la ira de Dios son su manera de enjuiciar al que rechaza reconocerlo como Dios.

Lo triste es que muchos se están dejando llevar por esta nueva corriente engañadora del posmodernismo. Al no escuchar a Dios, se dejan persuadir por lo que al principio parecen argumentos sólidos. Muchos seguramente se dejan llevar por lo atractivo que es el pecado. Según los posmodernos, el propósito central de la vida es gozarse, hacerse a «uno mismo» sentirse bien, y satisfacerse ahora mismo. Se tragan esa mentira. Una vez que los hombres se entregan, ya están en la telaraña de la cual no parece haber rescate. Han sido introducidos a «un hedonismo narcisista que crea un dios de la sensualidad, del cuerpo, y de los placeres inmediatos». [16]

Cuántos jóvenes de familias creyentes, faltándoles fe, se dejan llevar por la sensualidad prometida en este mundo permisivo posmoderno. Rehúsan tomar la decisión que tomó Moisés: Por la fe Moisés, cuando ya era grande, rehusó ser llamado hijo de la hija de Faraón, escogiendo antes ser maltratado con el pueblo de Dios, que gozar de los placeres temporales del pecado.

Un análisis del mundo actual

Reconozcamos, seguidamente, que es muy fácil como evangélicos ser simplistas ante un tema tan abarcador como el de la posmodernidad

---

[16] *Erickson*, op. cit., p. 47.

—¿quizás quisiéramos despedirlo con solo dispararle unos textos bíblicos? ¡Imposible! Así nuestros padres hicieron con las posturas de Carlos Darwin y, por aquel descuido, descendió sobre nosotros el liberalismo y el humanismo —junto con su máquina comprobadora: la ciencia— que procuró destronar a Dios y entronizar al hombre.

Los posmodernos atacan las premisas del presente mundo porque las ven fracasadas. Con entusiasmo nos invitan a participar en la creación de un nuevo mundo. Como evangélicos tenemos que responder, pues la batalla de las ideas día a día se intensifica.

¿Tienen razón los posmodernos al decir que nuestro mundo actual está fracasado? Para hablar claro, aceptemos el hecho de que pertenecemos a lo que se ha llamado la modernidad, es decir, el sistema de vida civilizada de estos últimos siglos, un mundo donde la ciencia es el rey. Por cierto, muchos y a veces espectaculares han sido los productos de la ciencia —autos, refrigeradores, radios, música electrónica, televisores, aviones, satélites, aire acondicionado, computadoras, y últimamente la cibernética. Pero ese «paquete de avances» ha venido atado a un sinnúmero de ideologías, siendo la más destructiva de ellas el secularismo —el mundo es de ahora, no de la eternidad.

Incitándonos a disfrutar el ahora, en el proceso nos robaron nuestras bases morales y espirituales. Se quiso sustituir a Dios por cosas —muchas de ellas escandalosamente bonitas— y nos tragamos el paquete.

Para que nos demos cuenta de cuán triste ha sido nuestra caída, consideremos cómo Thomas Oden describe, bajo cuatro categorías, el deplorable fruto de las creencias que nuestro mundo científico —la modernidad— nos obsequió.[17]

1. Primero menciona el énfasis que se le ha dado al individualismo autónomo. Esto ha producido un «conflicto intergeneracional, un desajuste sexual, que ha destruido a la familia, y producido el caos social que hoy se vive». Ha producido un individualismo tan radical que resulta «en la terrible soledad con que cada individuo, a solas, tiene que buscarle sentido a la vida». Además, se ven hoy

---

[17] *Ibid.*, pp. 51 y 52

los estragos morales terribles, al ver a «niños con rifles en las manos que se matan unos a otros».

2. A consecuencia de las ideas de nuestro mundo científico, dice Oden, nuestro hedonismo narcisista sufre la cosecha de un «infierno tangible» y una «condenación real». Ha producido en nosotros tal «estupor moral» que, en busca de satisfacción personal, ya ni nos damos cuenta de los daños que causamos, ni sentimos la «miseria» que nuestros hechos producen en las víctimas de nuestro placer —por ejemplo, los centenares de miles de niños que nacen anualmente con el SIDA, o con adicción a drogas.

3. El naturalismo reductivo, fue otro producto de la era científica. Por su desmesurado énfasis en «lo científico» (observación empírica) nos hizo rehusar toda otra fuente de conocimiento, aceptando solo las afirmaciones de la ciencia. Buscando respuesta para las causas solo en la naturaleza, nos hizo demeritar lo infinito, llevándonos a negar a Dios, a lo revelado en su Palabra, y anulado el raciocinio humano con que fuimos dotados como creación divina. El resultado ha sido respuestas que de ninguna manera podían resolver la realidad humana, que dejan vacío al corazón, haciéndonos ignorar la responsabilidad que cada ser humano tiene ante su Creador.

4. El relativismo moral absoluto que parlotearon, nos quitó toda regla, toda norma, toda creencia. A todo lo relativizaron, por tanto perdimos todo criterio de lo que es bueno y lo que es malo. El resultado fue una «ausencia de conducta moral en el hombre común, y el olvido de todos de que hay un juicio venidero».

Cuánto necesita nuestro mundo actual la redención. Como hijos del evangelio, en lugar de reconocer lo anti-dios y perverso que ha sido, nuestro testimonio está manchado con compromisos de toda clase. No nos hemos mantenido puros en medio de una sociedad perversa. Le hemos fallado a nuestros conciudadanos. Solo Dios puede perdonarnos. Pero ahora, al enfrentar otra ola contraria al evangelio, no nos dejemos engañar. Vistámonos de toda la armadura de Dios.

La osadía de los posmodernos

Brevemente, y como contraste, repasemos nuevamente lo que ahora nos quiere sustituir el postmodernismo. Con su aversión a esa era científica y a todas las filosofías utópicas que han guiado al mundo hasta el presente, los posmodernos de vanguardia quieren ir a lo que llaman «la realidad» —lo que es vivir en realidad.

Vemos a crecientes agrupaciones tomar lo hermoso, lo sagrado, y lo sublime (sea el sexo, Dios, la Biblia, y las normas decentes sociales) y desafiadamente arrastrarlas por el fango. Cumplen sin pena alguna la depravación que ya notamos San Pablo describe en el primer capítulo de Romanos, esa rebeldía contra Dios que trae su ira.

El culturista ruso, Mikhail Espstein, lo ilustra brillantemente contándonos dos incidentes que ocurrieron a principios de este siglo.[18]

«En 1917, Marcel Duchamp quiso exhibir en un museo famoso de Nueva York una obra que llamaba "artística", que consistía de un orinal, con el título de "Fuente" (la cual eventualmente fue rechazada). Entonces, en 1919 hubo en Rusia un congreso para los ciudadanos pobres que fue celebrado en Petersburg. Los congresistas fueron hospedados en el Palacio de Invierno. En palabras de Maxim Gorky: "Cuando terminó el evento y la gente abandonaron el palacio, descubrieron que una cantidad de costosas vasijas de arte de Sevres, Saxonas, y Orientales habían sido usadas para defecar y orinar en ellas, dejándolas sucias y apestosas. Esto no se hizo por necesidad, ya que los baños del palacio todos estaban en buenas condiciones. No, estos actos de vandalismo expresaban un deseo consciente de deliberadamente degradar lo hermoso".

»En un caso se presenta a un orinal como un objeto de arte. En el otro, un objeto de arte es usado como un orinal. Claramente, hay una diferencia fundamental entre profanar el arte y la creación de un objeto que es realmente antiarte... El uso de objetos artísticos como orinales es un acto de puro nihilismo social, expresando la actitud de gente inculta hacia el arte disfrutado por los aristocráticos. Es totalmente opuesto al otro acto del artista que profanamente procuró

---

[18] *Después del futuro*, p. 52.

introducir como "arte" aquello que es asqueroso, feo, y públicamente ofensivo».

Reconozcamos la bandera que han izado. No solo es una bandera de rechazo de todo lo pasado en la historia (incluyendo a Dios y a la Biblia), es un deliberado deseo de deshonrar lo que antes se tenía como valioso. Lo que considerábamos vulgar y degradado lo toman hoy y lo presentan como hermoso, bueno, y loable. En su osadía, han volcado a nuestro mundo patas arriba.

A su vez, recordemos que sea cual sea la sociedad («premoderna», «moderna», o «postmoderna»), esta siempre será compuesta de pecadores, por tanto antagónicas a las normas cristianas. ¡No olvidemos la orden divina: «No améis al mundo, ni las cosas que están en el mundo»!

Remedios y recetas

¿Cómo, entonces, debemos confrontar y responder a estas ideologías? Algunos, bajo el concepto de que para ganar al mundo hay que imitar al mundo (como se ha hecho con la música), buscan maneras de acomodar los conceptos postmodernos con el evangelio, creyendo así poder ganar e influenciar a los que siguen esa ola. Ya varios de ellos —los llamaremos «evangélicos posmodernos»—, en su esfuerzo de ser aceptados por estos ideólogos nuevos, están, sin que el pueblo evangélico se percate, dando definiciones nuevas de la naturaleza de la verdad, del evangelio, de la Biblia, y la tradición evangélica. Dice Mohler, en su libro Here We Stand, dice: «No hay doctrina que estos nuevos teólogos no hayan trastornado, ningún credo que no hayan maltratado, ninguna verdad que hayan respetado».

Otros, al darse cuenta de los cambios sociales en el mundo, actúan parecidos al avestruz, meten la cabeza en la arena. Procuran seguir predicando y trabajando como si lo que ocurre en la sociedad no afectara a la Iglesia. Se sienten inmunes, protegidos por las cuatro paredes del templo. Sin embargo, cada día se le van miembros, particularmente jóvenes, pues del pastor no oyen respuestas adecuadas para responder a las corrientes contrarias que les abate furiosamente en esas olas de opiniones contradictorias. Si los pastores no saben lo que ocurre en el presente mundo, no pueden ayudarles a enfrentar cristianamente esos azotes asiduos.

Somos líderes de la iglesia por lo tanto nos corresponde guiarla

La primera cosa que necesitamos comprender es que la lucha que libramos hoy día es contra lo que la Biblia llama «mundo». No olvidemos que batallamos contra tres distintos y fuertes enemigos: «el mundo, la carne y el diablo» (la tendencia evangélica equivocada es pensar que la lucha es únicamente contra el diablo y sus huestes). La lucha hoy día no es solo contra demonios, es principalmente contra ideas anticristianas —esto es lo que comprende la palabra mundo. Por supuesto, el diablo abanica estas corrientes modernas, pero el peligro está en las ideas. ¡Qué prestos somos para echar demonios! Tomaríamos a todas esos malvados posmodernos y los ataríamos junto al diablo. Pero así nos se lucha contra el mundo. Reconozcamos, por favor, que nuestra batalla es contra ideas, no contra demonios. Echar los demonios jamás traerá liberación, más bien producirá frustración y confusión, porque habremos identificado incorrectamente al enemigo.

Cuando Jesús luchó contra los fariseos, nunca echó de ellos demonios. Lo que hizo, más bien, fue mostrar lo equivocado que estaban sus ideas. Batalló todas esas ideas falsas mostrando la mentira de ellos y la verdad de Dios (véase Mateo 23). Hoy, igualmente, la lucha es contra esos insensatos conceptos de «deconstrucción», en que procuran destruir todo concepto de Dios, del mal, y de lo eterno.

Escuchémoslos. Oigamos lo que dicen. Sus gritos de combate son: «¡No hay tal cosa como Dios! ¡Toda persona tiene su propia verdad! ¡La Biblia es un libro fuera de moda! ¡Nada es malo, todo es bueno! ¡La vida es para disfrutarla ahora, sin remordimientos!»

¿Podemos como evangélico ligarnos con tal filosofía y con tal movimiento? Eso sí sería hacer liga con el mundo y con diablo.

Tomemos tiempo para analizar lo que nos están enseñando. Si no hay verdad, tampoco hay mentira. Sin una base de fundamentos aceptados como verdaderos, es imposible establecer un dialogo. Al eliminar las bases preposicionales, no queda fundamento para entablar lo lógico. Si se descarta la «verdad», como han hecho los posmodernos, nos quedamos sin Dios, sin Biblia, sin pecado, sin juicio, sin infierno, sin cielo, sin Salvador, sin salvación, sin realidad, sin verdad.

Estaríamos disfrutando de lo que ni sabemos (pues bajo tales supuestos no podría haber realidad, solo experiencias) Sufriríamos como unos miserables que solo sienten y hablan y ríen, lloran y gozan, pero sin tener respuesta sensata para la propia existencia. Vivir así no sería vivir. Sencillamente, sería sentir. Reconociendo la falacia —pero también la fuerza— de esta nueva ola filosófica (el hombre, desde Adán, ha querido deshacerse de Dios), seguramente conoceremos amigos que se han entregado ciegamente a estas corrientes. Antonio Cruz [19] ofrece algunas sugerencias de cómo acercarnos confiadamente a los que siguen la posmodernidad con el fin de rescatarlos.

1. Anunciar el núcleo de la fe: El hombre contemporáneo, que no ha tenido la oportunidad de tener un encuentro con Jesucristo, debe ser enfrentado con el centro mismo de la fe: con la misericordiosa salvación que el Hijo de Dios humanado consiguió para él, muriendo en el Gólgota y resucitando al tercer día.
2. Responder a las preguntas básicas del ser humano: El método usado por Pablo entre los atenienses paganos sería también apropiado en nuestra época. Partiendo de la situación en la que la gente se encuentra, responder primero a los grandes interrogativos existenciales que preocupan en la actualidad, tales como: ¿quién soy?, ¿de dónde vine?, ¿a dónde voy?, ¿cómo hacer frente a la enfermedad?
3. Inculcar la ética del arrepentimiento: El reino de Dios requiere un nuevo estilo de vida; una nueva ética que re ordene la mentalidad y la conducta de la persona.
4. Fomentar la esperanza: La esperanza en el futuro victorioso de la Vida sobre la muerte es el mejor regalo que el Evangelio puede comunicar al individuo contemporáneo.
5. Dar a conocer la Biblia: La Biblia debe seguir siendo el elemento central de la evangelización…[su] estudio es comparable al corazón que bombea sangre cargada de oxígeno vital para mantener activos todos los miembros del cuerpo de Cristo.
6. Solidarizarse con los necesitados: La sensibilidad social hacia los marginados y oprimidos que viven junto a nosotros será una de las

---

[19] *Postmodernidad*, pp. 191-203.

evidencias que convencerán a muchos de la sinceridad de nuestra fe.
7. Adecuar el mensaje a las distintas visiones del mundo: La evangelización debería ser sensible a las características y necesidades propias de cada grupo.
8. Emplear signos de identidad comunes: El Evangelio debe saber acercarse, con afecto y respeto, a las singularidades de cada [ideología], porque muchos de esos «signos» [usados por los posmodernos] podrían usarse para expresar valores cristianos.

Nunca olvidemos que sobre este planeta verdaderamente caminó hace 2,000 años el Dios Hombre. Él nos dijo: «Yo soy el camino, la verdad, y la vida… El que me sigue no andará en tinieblas, mas tendrá la lumbre de la vida». También nos dio una gloriosa promesa: Edificaré mi iglesia; y las puertas del Hades no prevalecerán contra ella». Aquí, ante los posmodernos que nos rodean a cada lado, estamos tú y yo, personas que hemos sido transformadas por la sangre de Cristo. Esa debe ser evidencia irrefutable de la verdad de otro camino, de otro estilo de vida, de otro destino, y de la verdad del evangelio.

GUÍA DE ESTUDIO

EL MUNDO AL QUE PREDICAMOS

Guía de estudio preparada por
Alberto Samuel Valdés

El mundo al que predicamos

Lección 1: Orígenes de Occidente: La herencia Hebrea y Griega

Metas

1. El estudiante conocerá algunas de las contribuciones del pensamiento hebreo y griego a la cultura contemporánea. (Meta cognitiva)
2. El estudiante crecerá en su aprecio por las contribuciones de las respectivas herencias hebreas y griegas. (Meta afectiva)
3. El estudiante identificará una contribución de cada una de las dos culturas hebreas y griegas respectivas que considere de gran valor personal. (Meta volitiva)

Objetivo

El estudiante escribirá un párrafo (de 100 a 150 palabras) en el cual identificará una contribución de cada una de las dos culturas tratadas en la Lección 1 (Capítulos uno y dos).

Retos

1. Completar esta lección: Leer las metas y objetivos del curso, el prólogo, los capítulos 1 y el capítulo 2 del libro *El mundo al que predicamos*, por Salvador Dellutri, FLET y responder las diez preguntas.
2. Estudiar las ilustraciones y entender el concepto que éstas comunican.
3. Elegir un proyecto de entre las opciones provistas (o, desarrollar

uno original aprobado ya sea por el pastor, facilitador, o la persona encargada del aspecto educacional de la iglesia).

NOTA: Los alumnos que les toque presentar su proyecto en la segunda reunión deben trabajar en el mismo a fin de poder presentarlo en la misma.

Diez preguntas

1. ¿Qué debemos hacer para comunicar eficazmente a la cultura contemporánea?
2. ¿Cuáles son los pueblos en los que se encuentran las raíces del mundo occidental?
3. ¿Cuáles son las facetas distintivas de la herencia hebrea?
4. ¿Qué cualidades del único y verdadero Dios de los hebreos, destaca Dellutri?
5. ¿Cuáles son los rasgos básicos de la mentalidad helena o griega, y qué significan?
6. ¿Cuáles son las etapas del desarrollo del pensamiento griego y la característica central de cada una de ellas?
7. ¿Cómo define Heráclito el concepto del logos, y en qué manera se distingue del Verbo, el Señor Jesús, en el Evangelio según Juan?
8. ¿Cómo se define el Nous en la filosofía de Anaxágoras?
9. ¿Cuál era el lema de la filosofía de Sócrates?
10. ¿Cuál es el famoso mito que ilustra la filosofía de Platón, y qué significa?

Dibujos explicativos

Estos dibujos han sido diseñados a fin de proveerle una manera sencilla de organizar y memorizar cuatro puntos esenciales del capítulo. Tome una hoja de papel y reproduzca los dibujos de cinco a siete veces mientras reflexiona en el significado de cada ilustración. Luego, tome otra hoja en blanco y reprodúzcalo de memoria junto a una breve explicación de su significado. Hemos provisto estas sencillas ilustraciones principalmente para aquellos que piensan que no saben dibujar bien. Si tiene talento para el dibujo (o deseos de dibujar) cree sus propios diseños a fin de memorizar los puntos principales de capítulo (o capítulos).

El mundo al que predicamos

Explicación: En el mundo occidental contemporáneo observamos el regreso de los dioses paganos, la nueva moral, la modificación del modelo familiar, el aborto de 50.000.000 de seres humanos, y el denigrar de la femenina función maternal. Nuestro texto afirma que los cristianos tienen las respuestas, pero también se deben comprender las preguntas. A fin de poder comunicar la verdad a nuestra generación debemos analizar su crisis y entender sus interrogantes. Aunque es difícil discernir qué es el «mundo occidental», y determinar cuándo nació, podemos decir que sus raíces yacen en los pueblos hebreo y griego. Entender esas raíces facilita la comprensión de la cultura contemporánea.

Explicación: El pueblo hebreo fue escogido por el Señor como nación única y especial. Nuestro texto enfatiza cinco facetas distintivas de dicho pueblo: 1. Monoteísmo —Los hebreos disfrutan una relación con el único Dios

verdadero, y no con los dioses falsos del politeísmo. 2. Revelación — Dios les reveló su ley autoritativa. 3. Linealidad —La historia se mueve hacia un propósito definido cumplido por el Mesías. 4. Creación —El hombre fue creado por Dios y tiene propósito. 5.

Pecado —Dios espera obediencia e hizo provisión en caso de desobediencia.

Explicación: Tres características indican cómo pensaban los helenos o griegos. El humanismo, que refleja su confianza en la humanidad y sus logros. A este corresponden los «dioses humanos», deidades con defectos y virtudes humanas. El individualismo, que enfatizaba al individuo y su superación por encima de lo colectivo. Y el racionalismo, que marca tanto el deseo de investigar de manera racional y sistemática el universo y la vida, como dejar atrás la reflexión mítica que explicaba las cosas a base de dioses.

Explicación: Podemos discernir el desarrollo del pensamiento griego analizando sus tres períodos: mítico; jónico o presocrático; y ático o socrático. El mítico se distingue por negar la responsabilidad y culpar a los dioses. El jónico se preocupa por descubrir el «origen esencial» del universo. Por fin, el socrático enfocó en la persona y el autoconocimiento como también en las ideas o arquetipos detrás de lo que experimentamos.

Expresión

Una vez cumplidos los pasos anteriores, el estudiante debe:

1. Hacer una lista de oración que incluya: A. Personas a las que desean comunicarles las buenas nuevas de salvación. B. Los compañeros, para que Dios los ilumine, motive y proteja. C. El facilitador del grupo. Estas dos últimas categorías corresponden, por supuesto, a aquellos que están cursando los estudios en grupo.
2. Enumerar y evaluar las ideas que surjan para comunicar las verdades bíblicas.
3. Darle gracias a Dios por la oportunidad que tienen de aprender.

Sugerencias para proyectos adicionales

1. El alumno puede hacer un estudio sobre la vida y filosofía de uno de los personajes mencionados en el capítulo. Debe presentar sus descubrimientos ya sea en forma de escrito, dramatización, o cualquier clase de presentación audiovisual.
2. El estudiante debe hacer una encuesta que busque respuestas a las siguientes preguntas: «¿Siente usted que las iglesias conocen al mundo contemporáneo y sus necesidades? ¿Cómo puede la iglesia ser más eficaz al comunicarse con la cultura actual? ¿Puede compartir una breve experiencia o algo que le impresionó de manera positiva por parte de algún cristiano en particular o de alguna congregación?» Luego el alumno puede elaborar un reporte para informar de sus descubrimientos a sus compañeros de estudio y otros interesados.
3. El alumno puede hacer una investigación acerca de la mitología griega en general o de algún aspecto específico. Debe hacer un escrito sencillo, claro y breve que explique los conceptos que encontró en su estudio.
4. Un proyecto original desarrollado por el alumno, el guía o facilitador, o ambos.

El mundo al que predicamos

Lección 2: El hombre del Occidente

Metas

1. El estudiante profundizará en su comprensión de las culturas hebreas y griegas. (Meta cognitiva)
2. El estudiante tomará conciencia de su propia reacción ante las influencias tanto culturales hebreas y griegas en su propia vida. (Meta afectiva)
3. El estudiante evaluará las conclusiones del autor acerca de las culturas hebreas y griegas. (Meta volitiva)

Objetivo

El estudiante escribirá un párrafo (de 100 a 150 palabras) en el cual explicará la posición de Dellutri frente a las culturas hebreas y griegas respectivas y su propia evaluación de la misma.

Retos

1. Completar esta lección: Leer las metas y objetivos del curso, el capítulo 3 del libro *El mundo al que predicamos*, de Salvador Dellutri, FLET y responder las diez preguntas.
2. Estudiar las ilustraciones y entender el concepto que éstas comunican.
3. Trabajar en el proyecto seleccionado a fin de poder presentarlo en la fecha indicada (o presentar el proyecto si le toca hacerlo en esta la segunda reunión).

NOTA: Los alumnos que les toque presentar su proyecto en la segunda reunión deben trabajar en el mismo a fin de poder presentarlo en la misma.

Diez preguntas

1. Según Dellutri, ¿cuál es la diferencia fundamental entre las culturas hebrea y griega?
2. ¿Cómo podemos evitar el error en el pensamiento?
3. ¿Quién es Aristóteles, qué es el «Organon», y qué significaba?
4. Según Aristóteles, ¿cuándo es «bueno» el hombre?
5. ¿Cuáles son las indicaciones del «cumplimiento del tiempo»?
6. ¿Qué representa la crítica principal a la cultura hebrea?
7. ¿Qué crítica señala Dellutri en contra de la cultura griega?
8. ¿Cómo describe el autor la composición del «nuevo hombre»?
9. ¿Qué relación hay entre el nuevo nacimiento y la cultura de los hombres?
10. ¿Qué conceptos definen el pensamiento occidental y qué significan?

Dibujos explicativos

Estos dibujos han sido diseñados a fin de proveerle una manera sencilla de organizar y memorizar cuatro puntos esenciales del capítulo. Tome una hoja de papel y reproduzca los dibujos de cinco a siete veces mientras reflexiona en el significado de cada ilustración. Luego, tome otra hoja en blanco y reprodúzcalo de memoria junto a una breve explicación de su significado. Hemos provisto estas sencillas ilustraciones principalmente para aquellos que piensan que no saben dibujar bien. Si tiene talento para el dibujo (o deseos de dibujar) cree sus propios diseños a fin de memorizar los puntos principales de capítulo (o capítulos).

Explicación: Dellutri afirma que la cultura occidental reconoce tanto su «doble herencia», de los pueblos judío y griego, como también la diferencia significativa entre ambas. Por ello, califica de «antagónicos» los conceptos de los hebreos y los griegos en cuanto al hombre, la religión, y la ética. Dellutri atribuye esta gran diferencia al hecho de que el hebreo razona con la revelación de Dios como punto de referencia. El griego, por otro lado, razonaba sin las Escrituras como guía y norma de sus pensamientos y conclusiones. Confiaba en el razonamiento humano (sin dudas afectado por el pecado). Ambos razonaban, los griegos de manera independiente y los hebreos guiados por las Escrituras reveladas, perfectas y autoritativas.

Explicación: Según Dellutri, el griego operaba de manera «autónoma», regido por la lógica. Con Aristóteles, «la lógica se transforma en ciencia». Él consideraba que la verdad se podía alcanzar por medio de la lógica. Por eso, 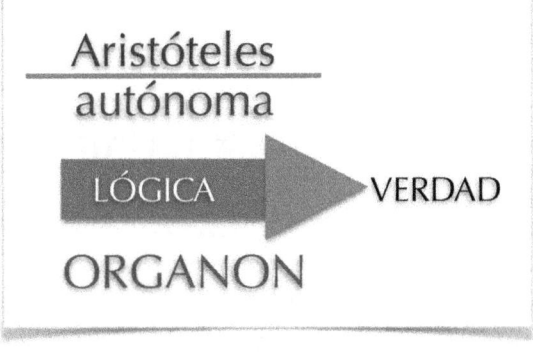 sus escritos lógicos llevan el nombre de «Organon». Nuestro texto afirma que los griegos se lanzaron en busca de la verdad «sujetos solo a sus razonamientos. Como resultado, produjeron una ética incorrecta.

Explicación: El «nuevo hombre» describe a judíos y gentiles unidos tanto a Jesús como entre sí mismos en un solo cuerpo, la iglesia. Jesús lo hizo posible mediante su muerte en la cruz. Acerca de esto el apóstol Pablo escribe: «Porque él es nuestra paz, que de ambos pueblos hizo uno, derribando la pared intermedia de separación, aboliendo en su carne las enemistades, la ley de los mandamientos expresados en ordenanzas, para crear en sí mismo de los dos un solo y nuevo hombre, haciendo la paz» (Efesios 2.14-15). Eso no representa fusión, sino una nueva unión.

Explicación: De acuerdo al autor, lo distintivo de occidente se comprende en tres palabras: razón, fe y libertad. Primero, la persona de occidente lucha por vencer lo irracional siguiendo el camino de la razón. Segundo, la fe va de la mano de la razón aunque acepta

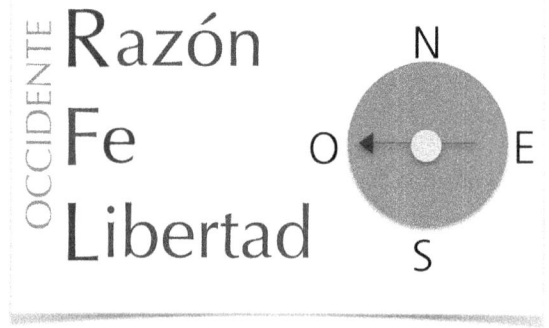

que existe algo que supera a la razón humana. Y además, la libertad se entiende como señorío o dominio. La libertad es para hacer lo que se debe no solo lo que se quiere.

Expresión

Una vez cumplidos los pasos anteriores, el estudiante debe:
1. Hacer una lista de oración que incluya: A. Personas a las que desean comunicarles las buenas nuevas de salvación. B. Los compañeros, para que Dios los ilumine, motive y proteja. C. El facilitador del grupo. Estas dos últimas categorías corresponden, por supuesto, a aquellos que están cursando los estudios en grupo.
2. Enumerar y evaluar las ideas que surjan para comunicar las verdades bíblicas.
3. Darle gracias a Dios por la oportunidad que tienen de aprender.

Sugerencias para proyectos adicionales

1. El alumno puede hacer un estudio acerca de Aristóteles, su filosofía, y sus ideas sobresalientes. Entonces debe crear una presentación sencilla, creativa, e informativa que comunica un síntesis de la vida de Aristóteles, su contribución a la filosofía, y los puntos principales de su pensamiento. Puede presentar sus descubrimientos ya sea en forma de escrito, dramatización, o presentación audiovisual.

2. El estudiante puede hacer un estudio biográfico de la vida del apóstol Pablo y algunos de los énfasis teológicos de las epístolas escritas por él bajo la dirección del Espíritu Santo. Después debe presentar sus descubrimientos en forma creativa, sucinta, e informativa ya sea a una clase de escuela dominical, estudio bíblico en el hogar, u otra reunión disponible

3. Un proyecto original desarrollado por el alumno, el guía o facilitador, o ambos.

El mundo al que predicamos

Lección 3: Renacimiento humanista y la reforma protestante

Metas

1. El estudiante comprenderá algunas de las contribuciones culturales, filosóficas, y eclesiásticas de la Edad Media, el Renacimiento, y la Reforma. (Meta cognitiva)
2. El estudiante crecerá en su aprecio por las contribuciones *positivas* de las tres etapas presentadas: Edad Media, el Renacimiento, y la Reforma. (Meta afectiva)
3. El estudiante identificará una contribución de cada una de las tres etapas que considere de gran valor personal. (Meta volitiva).

Objetivo

El estudiante escribirá un párrafo (de 100 a 150 palabras) en el cual identificará una contribución de cada una de las tres etapas tratadas en la lección y explicará por qué seleccionó esas.

Retos

1. Completar esta lección: Leer las metas y objetivos del curso, el capítulo 4 del libro *El mundo al que predicamos*, por Salvador Dellutri, FLET y responder las diez preguntas.
2. Estudiar las ilustraciones y entender el concepto que éstas comunican.
3. Trabajar en el proyecto seleccionado a fin de poder presentarlo en la fecha indicada (o presentar el proyecto si le toca hacerlo en la tercera reunión).

Diez preguntas

1. ¿Cómo caracteriza Dellutri a la Edad Media?
2. ¿Qué podemos aprender de las catedrales góticas del medioevo?
3. ¿Qué representa el énfasis de Francisco de Asís en la Edad Media?
4. ¿De dónde recibe su nombre el Renacimiento?
5. ¿Cuál es el tema recurrente del Renacimiento y quién es el hombre típico del mismo?
6. ¿Quiénes eran los humanistas y quién de ellos se destacó más?
7. ¿Qué «estado de cosas» en la iglesia motivó el «volver a las fuentes»?
8. ¿Quién y qué hecho dio inicio a la Reforma?
9. ¿Cuáles son las fórmulas basales de la Reforma y qué significan?
10. ¿Cuáles son las fuentes de autoridad hasta hoy?

Dibujos explicativos

Estos dibujos han sido diseñados a fin de proveerle una manera sencilla de organizar y memorizar cuatro puntos esenciales del capítulo. Tome una hoja de papel y reproduzca los dibujos de cinco a siete veces mientras reflexiona en el significado de cada ilustración. Luego, tome otra hoja en blanco y reprodúzcalo de memoria junto a una breve explicación de su significado. Hemos provisto estas sencillas ilustraciones principalmente para aquellos que piensan que no saben dibujar bien. Si tiene talento para el dibujo (o deseos de dibujar) cree sus propios diseños a fin de memorizar los puntos principales de capítulo (o capítulos).

Explicación: Dellutri describe la Edad Media como un período en el que las personas se interesaban profundamente por el destino sobrenatural, veían al cielo y olvidaban la tierra, e investigaban lo teológico pero no la naturaleza ni lo científico. Las catedrales de la Edad Media nos hacen ver la forma de pensar en ese período. De ellas podemos aprender varias cosas: 1. Los hombres deben mirar a las alturas, a la esperanza de la vida eterna. 2. La opinión de los hombres no importa mucho, sino lo que Dios ve. 3. El anonimato de los individuos y el trabajo colectivo. 4. Conciencia de eternidad. 5. La inclusión de toda la población en las grandes ceremonias.

Explicación: En el Renacimiento despierta o renace el interés en el hombre y en la naturaleza. Los hombres se interesan en la geografía, la astronomía, y las ciencias naturales. Además, comienzan a leer las obras antiguas

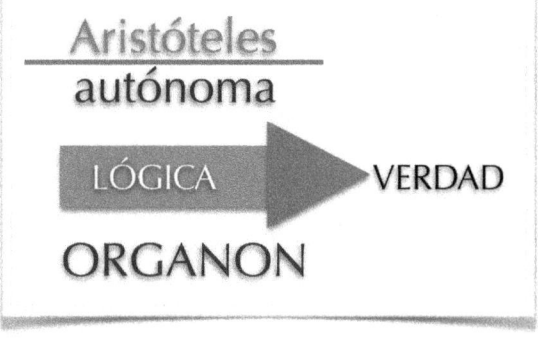

y renace el «espíritu griego y romano». El tema recurrente del Renacimiento es «el hombre en todo su esplendor». Leonardo da Vinci, pintor, escultor, arquitecto, ingeniero, inventor, matemático, y naturalista representa el «típico hombre del Renacimiento». Ocurre un cambio de la Edad Media en la cual «no había interés en el hombre como ser natural».

Explicación: Abusos, escándalos, y autoridad indebida en la iglesia motivaron el regreso a las fuentes de las Sagradas Escrituras. Los reformadores rechazaban todo lo que no reflejaba el cristianismo bíblico. Martín Lutero inició el movimiento cuando clavó las 95 tesis en contra de las indulgencias en la puerta del castillo de Wittenberg. Sola fide y Sola Scriptura representan las dos bases de la enseñanza de la Reforma: salvación por fe sola, y las Escrituras como única fuente autoritativa de la verdad.

Explicación: Dellutri afirma que el hombre moderno nace en este período de la historia, ya que el humanismo, el catolicismo romano, y el protestantismo siguen vigentes. Dice él que las tres líneas de pensamiento miraron hacia atrás El humanismo buscó las fuentes antiguas de Grecia y Roma; el catolicismo romano vio a la Edad Media; y el protestantismo hacia el cristianismo primitivo. Los tres siguen en conflicto actualmente debido a sus diferentes bases de autoridad.

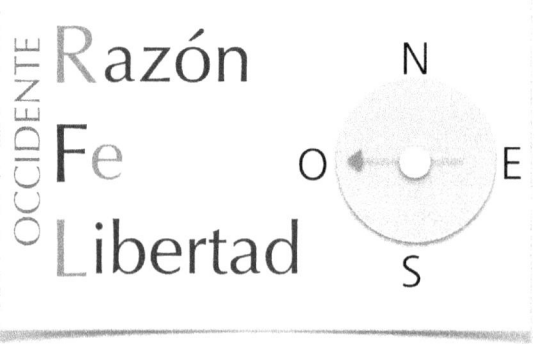

Expresión

Una vez cumplidos los pasos anteriores, el estudiante debe:

1. Hacer una lista de oración que incluya: A. Personas a las que desean comunicarles las buenas nuevas de salvación. B. Los compañeros, para que Dios los ilumine, motive y proteja. C. El facilitador del grupo. Estas dos últimas categorías corresponden, por supuesto, a aquellos que están cursando los estudios en grupo.
2. Enumerar y evaluar las ideas que surjan para comunicar las verdades bíblicas.
3. Darle gracias a Dios por la oportunidad que tienen de aprender.

Sugerencias para proyectos adicionales

1. Sugerimos que el alumno haga una investigación biográfica de uno de los personajes tratados en el capítulo (da Vinci, Erasmo, Lutero, Calvino). Y que prepare una presentación novedosa, y amplia acerca de la vida del personaje, sus logros y su influencia.
2. El estudiante puede hacer un estudio acerca del concilio de Trento y su desarrollo. Una vez que investigue los hechos puede presentar sus descubrimientos en un documento escrito, una dramatización, u otro formato creativo.
3. También sugerimos un estudio de la Reforma, sus causas, y su significado. En este caso el estudiante debe elaborar una presentación que comunique de manera concreta, novedosa y eficaz una síntesis de la misma con sus eventos, personajes, y enseñanzas sobresalientes.
4. Un proyecto original desarrollado por el alumno, el guía o facilitador o ambos, sería ideal.

El mundo al que predicamos

Lección 4: El crecimiento del humanismo

Metas

1. El estudiante comprenderá el crecimiento del humanismo y su influencia. (Meta cognitiva)
2. El estudiante tomará consciencia de las influencias *negativas* del humanismo en la cultura contemporánea. (Meta afectiva)
3. El estudiante identificará una característica sobresaliente de cada filósofo tratado en la lección. (Meta volitiva).

Objetivo

El estudiante escribirá una oración en el cual identificará una característica *esencial* del pensamiento de cada figura nombrada en la lección —Descartes, Locke, Voltaire, Kant, y Comte.

Retos

1. Completar esta lección: Leer las metas y objetivos del curso, el capítulo 5 del libro *El mundo al que predicamos*, por Salvador Dellutri, FLET y responder las diez preguntas.
2. Estudiar las ilustraciones y entender el concepto que éstas comunican.
3. Trabajar en el proyecto seleccionado a fin de poder presentarlo en la fecha indicada (o presentar el proyecto si le toca hacerlo en la cuarta reunión).

Diez preguntas

1. ¿Qué rumbo toma la filosofía en los siglos posteriores al Renacimiento?
2. ¿Cómo se clasifica y se describe la filosofía de Descartes?
3. ¿Cuál es la filosofía de Juan Locke y cómo se distingue?
4. ¿Cómo se describe la filosofía de la Ilustración?
5. ¿Qué es el deísmo?
6. ¿Qué pensaba Voltaire de la existencia de Dios?
7. ¿Cómo se describe la filosofía de Kant?
8. ¿Qué distingue al pensamiento de Rousseau?
9. ¿Quién es Augusto Comte y cómo se entiende el positivismo?
10. ¿Qué significa la supuesta «muerte de Dios» y quién la proclama?

Dibujos explicativos

Estos dibujos han sido diseñados a fin de proveerle una manera sencilla de organizar y memorizar cuatro puntos esenciales del capítulo. Tome una hoja de papel y reproduzca los dibujos de cinco a siete veces mientras reflexiona en el significado de cada ilustración. Luego, tome otra hoja en blanco y reprodúzcalo de memoria junto a una breve explicación de su significado. Hemos provisto estas sencillas ilustraciones principalmente para aquellos que piensan que no saben dibujar bien. Si tiene talento para el dibujo (o deseos de dibujar) cree sus propios diseños a fin de memorizar los puntos principales de capítulo (o capítulos).

Explicación: En los siglos siguientes al Renacimiento la filosofía se va independizando de la teología. Tanto las Escrituras como la existencia de Dios se ponen en «tela de juicio, sujetos al razonamiento humano». La filosofía de Descartes califica de racionalismo. Desechó a Dios y la Biblia como fundamentos, y en su lugar se colocó a sí mismo. Para comenzar, puso todo en duda, incluso sus propios sentidos. Pero, descubrió que no se puede dudar de la duda propia. Y puesto que dudar representa una manera de pensar, expresa su famosa afirmación: «Pienso, luego existo». Descartes pone al hombre como la medida de todas las cosas. No obstante, creía en la existencia de Dios por un argumento basado en la idea de un Ser infinito, pero no incluye al Señor Jesucristo en su filosofía.

Explicación: La filosofía de Juan Locke califica de empirismo. Negaba que existieran principios innatos y consideraba al hombre como una hoja de papel en blanco (tabula rasa). En esa tabula rasa todo se graba, a través de los sentidos. El empirismo enfatiza la experiencia sensorial y lo que se recibe con ella. La experiencia nunca concluye, por lo tanto, todo es relativizado. En la filosofía de Locke, «llamamos bueno a lo que puede proporcionarnos placer o aumentarlo, o en todo caso disminuir el dolor». Tener que discernir entre el bien y el mal contradice su propia filosofía.

Explicación: En la Ilustración se pensaba que «la luz de la razón debía iluminar al hombre» y sacarlo del «oscurantismo religioso». Pensaban que en la naturaleza había leyes inmutables y querían descubrir otras leyes naturales que facilitaran el «equilibrio social, político, y económico». Muchos eran ateos y deístas. Para estos Dios existía y creó al mundo, pero piensan que Él no interviene en el mismo. Voltaire, Kant, y Rousseau son figuras representativas del pensamiento de la Ilustración.

Explicación: Augusto Comte es conocido como el fundador del positivismo. Reconocía tres períodos en el pensamiento del hombre: teológico, metafísico, y positivo. El positivismo tiene dos fundamentos: 1. Toda la realidad podía

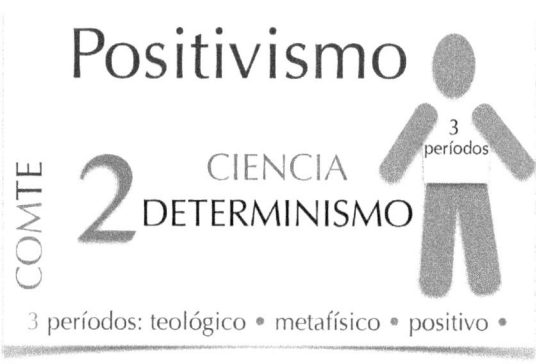

ser explicada y controlada en base a la ciencia. 2. Si conocemos las leyes naturales, supuestamente inmutables, se pudiera determinar el comportamiento futuro. Con referencia al hombre, se podría saber dónde estaría y qué haría en un momento dado.

Expresión

Una vez cumplidos los pasos anteriores, el estudiante debe:

1. Hacer una lista de oración que incluya: A. Personas a las que desean comunicarles las buenas nuevas de salvación. B. Los compañeros, para que Dios los ilumine, motive y proteja. C. El

facilitador del grupo. Estas dos últimas categorías corresponden, por supuesto, a aquellos que están cursando los estudios colectivamente.
2. Enumerar y evaluar las ideas que surjan para comunicar las verdades bíblicas.
3. Darle gracias a Dios por la oportunidad que tienen de aprender.

Sugerencias para proyectos adicionales

1. A fin de profundizar el alumno puede realizar una investigación acerca de uno de los períodos cubiertos en el capítulo. Una vez analizado el caso, sugerimos que presente sus descubrimientos en un documento escrito, en forma de dramatización, o cualquier otra presentación audiovisual.
2. Recomendamos altamente crear un cuadro comparativo de las filosofías estudiadas en la lección respecto al cristianismo. Ya con este recurso desarrolle una presentación novedosa, sucinta, e informativa acerca de la vida del personaje que lidera el movimiento filosófico, sus logros y su influencia.
3. El alumno puede hacer un estudio biográfico de uno de los personajes y comparar su filosofía particular con su modo de vivir. Debe estar atento para ver si son consecuentes o no con sus prédicas. Debe entonces crear una presentación que comunique de manera concisa, creativa, y eficaz lo que haya descubierto.
4. Un proyecto original desarrollado por el alumno, el guía o facilitador, o ambos.

El mundo al que predicamos

Lección 5: El hombre del Siglo XX

Metas

1. El estudiante profundizará en el pensamiento del humanismo y su influencia. (Meta cognitiva)
2. El estudiante tomará consciencia de las influencias *negativas* del humanismo en la cultura contemporánea. (Meta afectiva)
3. El estudiante identificará una característica sobresaliente de cada filósofo tratado en la lección (Meta volitiva).

Objetivo

El estudiante escribirá una oración en el cual identificará una característica *esencial* del pensamiento de cada figura nombrada en la lección —Kierkegaard, Marx, Darwin, Nietzsche, y Sartre.

Retos

1. Completar esta lección: Leer las metas y objetivos del curso, el capítulo 6 del libro *El mundo al que predicamos*, por Salvador Dellutri, FLET y responder las diez preguntas.
2. Estudiar las ilustraciones y entender el concepto que éstas comunican.
3. Trabajar en el proyecto seleccionado a fin de poder presentarlo en la fecha indicada (o presentar el proyecto si le toca hacerlo en la quinta reunión).

Diez preguntas

1. En base a lo que afirma Dellutri, ¿cuándo terminó el siglo XIX y su optimismo, y por qué?
2. En contraste con el humanismo optimista del siglo XIX, ¿cómo caracteriza Dellutri el humanismo del siglo XX?
3. ¿Qué otras características se han evidenciado en el siglo XX, y cuál es el «precio» de ignorar a Dios?
4. ¿Quién es Sören Kierkegaard y qué aspecto de su pensamiento destaca Dellutri?
5. ¿Quién es Karl Marx, y cuáles son las bases de su filosofía?
6. ¿Quién es Darwin, cuál es su famosa obra literaria, y qué resultado produjo?
7. ¿Cómo influyeron en Hitler las ideas de Nietzche, y a qué conclusiones llegó este último?
8. ¿Quién es Sartre, cuáles fueron sus ideas, y cómo las propagó?
9. ¿Qué concluye Dellutri con referencia a la «libertad absoluta»?
10. ¿Cuál es la definición de sí mismo que el hombre moderno recibe del humanismo?

Dibujos explicativos

Estos dibujos han sido diseñados a fin de proveerle una manera sencilla de organizar y memorizar cuatro puntos esenciales del capítulo. Tome una hoja de papel y reproduzca los dibujos de cinco a siete veces mientras reflexiona en el significado de cada ilustración. Luego, tome otra hoja en blanco y reprodúzcalo de memoria junto a una breve explicación de su significado. Hemos provisto estas sencillas ilustraciones principalmente para aquellos que piensan que no saben dibujar bien. Si tiene talento para el dibujo (o deseos de dibujar) cree sus propios diseños a fin de memorizar los puntos principales de capítulo (o capítulos).

El mundo al que predicamos

Explicación: Dellutri caracteriza como optimista al humanismo del siglo XIX. El supuesto «superhombre» avanzó en la ciencia y la tecnología, la razón y los experimentos tomaron prioridad y, según su concepto, no necesitaban a Dios. Creían que estaban creando una nueva civilización. De hecho, Dellutri piensa que el siglo XIX se prolongó hasta el año 1914, cuando el mundo enfrentó la Primera Guerra Mundial. Dicha guerra atestiguó la realidad de la naturaleza pecaminosa del hombre. El humanismo entró en un período de crisis. Dellutri afirma que «en ese año la ingenuidad se hizo añicos con la realidad de la Primera Guerra Mundial», y «a pesar de los acontecimientos, los humanistas se negaron ver su fracaso».

Explicación: El hombre moderno no ha crecido en un vacío sino que halla sus raíces en pensadores del pasado cuya influencia se hace sentir en el presente. Entre ellos encontramos los siguientes: Kierkegaard, que aboga a favor de un «salto de fe» subjetivo hacia Dios; Marx, que propone un materialismo ateo y ve la clave de la historia en las luchas económicas; Darwin, que revoluciona la biología con su obra Origen de las especies, y facilita las ideas de los materialistas; y Nietzsche, que deseaba quitar lo absoluto y eterno, y proclamó la ¡«muerte de Dios»!

El mundo al que predicamos

Explicación: El pensamiento existencial tiene sus raíces en Kierkegaard, para quien la experiencia sobrepasaba la razón, y el hombre debería hacer un «salto» hacia Dios. En el existencialismo ateo el hombre salta hacia la «nada». Para el existencialista, al no haber Dios todo es permitido. El hombre y sus acciones carecen de valor eterno, y la muerte lo acaba todo. Las palabras de Sartre en El ser y la nada presentan al hombre como una «pasión inútil».

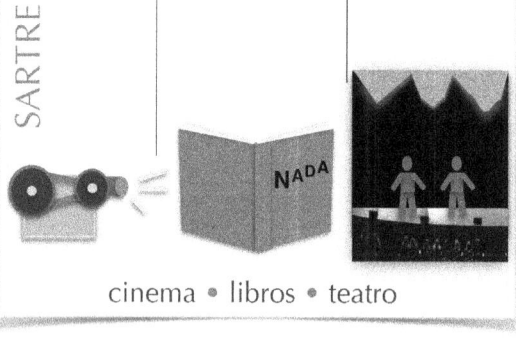

Explicación: Jean Paul Sartre reconoció que propagar sus ideas requería otro medio que los tratados filosóficos que solo los profesionales leen. Aunque escribió para especialistas en El ser y la nada, también difundió sus ideas a través de la novela, el teatro y el cine. Estas, a cambio, inspiran otras obras que también promueven su filosofía, entre las que se encuentran: Las manos sucias, Muertos sin sepultura, Las moscas, El engranaje, y La suerte echada.

Expresión

Una vez cumplidos los pasos anteriores, el estudiante debe:
1. Hacer una lista de oración que incluya: A. Personas a las que desean comunicarles las buenas nuevas de salvación. B. Los compañeros, para que Dios los ilumine, motive y proteja. C. El facilitador del grupo. Estas dos últimas categorías corresponden, por supuesto, a aquellos que están cursando los estudios

colectivamente.
2. Enumerar y evaluar las ideas que surjan para comunicar las verdades bíblicas.
3. Darle gracias a Dios por la oportunidad que tienen de aprender.

Sugerencias para proyectos adicionales

1. El estudiante puede hacer un estudio biográfico acerca de uno de los personajes nombrados en el capítulo que incluya varias ideas del mismo. Luego puede desarrollar una dramatización o presentación audiovisual que comunique los datos generales concernientes a ese personaje y su importancia.
2. Sugerimos una investigación acerca del estado actual de la teoría de la evolución. Debe crear una presentación clara, eficaz, y novedosa para un contexto de escuela dominical que comunique la información de manera precisa y responda a la misma desde el punto de vista bíblico y cristiano.
3. El estudiante puede hacer un estudio acerca de las ideas de Sartre y cómo las promovió. Además, puede desarrollar una clase de escuela dominical o una conferencia breve en la que explique lo que ocurrió con los planteamientos de Sartre, y explorar cómo los cristianos pueden promover la verdad bíblica de manera creativa, y motivar a los oyentes a hacerlo.
4. Un proyecto original desarrollado por el alumno, el guía o facilitador, o ambos.

El mundo al que predicamos

Lección 6: Los problemas del hombre moderno

Metas

1. El estudiante comprenderá el crecimiento del humanismo y su influencia. (Meta cognitiva)
2. El estudiante se preocupará por la condición del hombre contemporáneo frente filosofías agnósticas/ateas. (Meta afectiva)
3. El estudiante identificará y explicará consecuencias actuales del humanismo en sus propias palabras. (Meta volitiva)

Objetivo

El estudiante escribirá un párrafo (de 100 a 150 palabras) en el cual identificará y explicará una consecuencia del humanismo en nuestro mundo contemporáneo.

Retos

1. Completar esta lección: Leer las metas y objetivos del curso, el capítulo 7 del libro *El mundo al que predicamos*, por Salvador Dellutri, FLET y responder las diez preguntas.
2. Estudiar las ilustraciones y entender el concepto que éstas comunican.
3. Trabajar en el proyecto seleccionado a fin de poder presentarlo en la fecha indicada (o presentar el proyecto si le toca hacerlo en la sexta reunión).

Diez preguntas

1. ¿A qué se refiere la «aldea global», y cómo se relaciona con el humanismo?
2. ¿En qué niveles trabajaron los humanistas para difundir sus ideas?
3. De acuerdo a Dellutri, ¿Cómo y con qué nombre entró el ateísmo en la sociedad? ¿Quién fue el primero en usar dicho nombre y qué significa?
4. ¿A qué filosofía llevó el ateísmo después de la Segunda Guerra Mundial?
5. ¿Cuáles son algunas enseñanzas del nihilismo? (Nombre 5, al menos.)
6. ¿Cómo se comparan los proyectos del hombre medieval con los del hombre moderno?
7. ¿Qué actitud tiene el hombre moderno con referencia a Dios?
8. Según Dellutri, ¿cuál es el «principio ecológico por excelencia», cuál la «concepción cristiana», acerca de la naturaleza, y cómo se relacionan con el hombre moderno?
9. ¿Quién es Freud y qué teoría formuló acerca de la culpabilidad?
10. ¿En qué difieren la solución de Freud y la cristiana en cuanto a la culpa?

Dibujos explicativos

Estos dibujos han sido diseñados a fin de proveerle una manera sencilla de organizar y memorizar cuatro puntos esenciales del capítulo. Tome una hoja de papel y reproduzca los dibujos de cinco a siete veces mientras reflexiona en el significado de cada ilustración. Luego, tome otra hoja en blanco y reprodúzcalo de memoria junto a una breve explicación de su significado. Hemos provisto estas sencillas ilustraciones principalmente para aquellos que piensan que no saben dibujar bien. Si tiene talento para el dibujo (o deseos de dibujar) cree sus propios diseños a fin de memorizar los puntos principales de capítulo (o capítulos).

El mundo al que predicamos

Explicación: Los avances en la tecnología han hecho posible que el mundo entero vea de manera directa y simultánea algún suceso de interés. Dichos avances han convertido al mundo en lo que algunos llaman la «aldea global». Lo que suceda en cualquier parte de la tierra puede llegar con rapidez a todo el planeta. De acuerdo a Dellutri, los humanistas fueron los primeros en reconocer la importancia de tener acceso a dichos medios a fin de «difundir e implantar su pensamiento en la sociedad». Las ideas que se desarrollaron en el siglo XIX se propagaron por medio de la palabra impresa y las imágenes, que en el presente tienen alcance inmediato, directo y global.

Explicación: Los humanistas difundieron (y difunden) sus filosofías a dos niveles: intelectual, para los especialistas, y popular para el hombre común. Películas y obras teatrales comunican su filosofía. Con referencia a esa estrategia y el

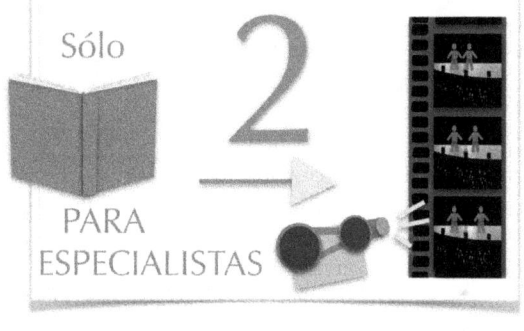

mensaje cristiano, Dellutri, afirma: «En este sentido, los cristianos están rezagados, los medios de difusión masiva no son vehículo del pensamiento cristiano: No hay novelistas, dramaturgos ni directores de cine que difundan el pensamiento cristiano con la fuerza, la dedicación, y el alcance que lo hacen los humanistas».

Explicación: Según Dellutri, el ateísmo entró «con fuerza» en la sociedad con el nuevo nombre de «agnosticismo». T.H. Huxley usó el término para expresar duda acerca de si se puede saber que Dios existe. Con la Segunda Guerra Mundial el ateísmo pasa al nihilismo (del latín nihil), que significa «nada». En la filosofía nihilista lo que cuenta es el momento que se vive, no hay valores absolutos, y lo que cuenta es el placer de hoy. El nihilismo aboga a favor de satisfacer todos los placeres sin valores absolutos y elevar la libertad por encima de la responsabilidad.

Explicación: El hombre experimenta sentimientos de culpa, acusaciones de la conciencia, y culpa real a causa de su pecado. Freud enseñó que los sentimientos de culpa resultaban del conflicto entre el «super-yo» y el «yo». Según Freud, la ciencia es determinante

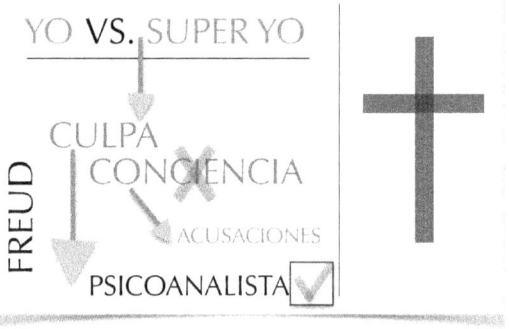

para la conducta. El psicoanalista determina los valores, decide que es bueno y malo para el paciente, e intenta desactivar la conciencia. Sin embargo, solo el perdón que compró Jesús en la cruz, y que se recibe creyendo en Él puede quitar la culpa y calmar la conciencia.

Expresión

Una vez cumplidos los pasos anteriores, el estudiante debe:
1. Hacer una lista de oración que incluya: A. Personas a las que desean comunicarles las buenas nuevas de salvación. B. Los compañeros, para que Dios los ilumine, motive y proteja. C. El

facilitador del grupo. Estas dos últimas categorías corresponden, por supuesto, a aquellos que están cursando los estudios colectivamente.
2. Enumerar y evaluar las ideas que surjan para comunicar las verdades bíblicas.
3. Darle gracias a Dios por la oportunidad que tienen de aprender.

Sugerencias para proyectos adicionales

1. El estudiante puede desarrollar una obra teatral breve para comunicar las buenas nuevas de la salvación por fe en Jesús. Debe presentarla en una clase de escuela dominical u otra ocasión apropiada.
2. El alumno puede hacer un estudio acerca de la culpa, la culpabilidad y la conciencia en las Escrituras y comparar todo ello con el concepto freudiano. Después debe presentar sus descubrimientos y conclusiones en una manera práctica (tal vez un documento que comunique las buenas nuevas del perdón gratuito y genuino que se ofrece sin costo a los que creen en el Señor Jesús como Salvador, u otra idea interesante).
3. El participante puede hacer un estudio biográfico de alguno de los personajes o analizar cualquiera de los conceptos expuestos (ej.: la ecología) en el capítulo. Debe desarrollar una presentación que evalúe esa información a la luz de la Biblia.
4. Un proyecto original desarrollado por el alumno, el guía o facilitador, o ambos.

El mundo al que predicamos

Lección 7: El hombre en busca de sentido

Metas

1. El estudiante explorará el concepto de la búsqueda por sentido. (Meta cognitiva)
2. El estudiante tomará conciencia de los caminos negativos disponibles y peligrosos en nuestro mundo. (Meta afectiva)
3. El estudiante explicará las opciones disponibles al hombre en su búsqueda por el sentido. (Meta volitiva)

Objetivo

El estudiante escribirá un párrafo (de 100 a 150 palabras) en el cual explicará una consecuencia de los caminos oscuros disponibles accesibles en el mundo contemporáneo y el contraste con la salvación gratuita por fe sola que ofrece Jesucristo.

Retos

1. Completar esta lección: Leer las metas y objetivos del curso, el capítulo 8 del libro *El mundo al que predicamos*, por Salvador Dellutri, FLET y responder las diez preguntas.
2. Estudiar las ilustraciones y entender el concepto que éstas comunican.
3. Trabajar en el proyecto seleccionado a fin de poder presentarlo en la fecha indicada (o presentar el proyecto si le toca hacerlo en la séptima reunión).

Diez preguntas

1. Según Dellutri, ¿Qué acompaña a la «ausencia» en las expresiones artísticas, después de la Segunda Guerra Mundial?
2. ¿Qué significa la filosofía que dice que «el hombre ha muerto»?
3. De acuerdo a Victor Frankl, ¿a qué lleva la falta de sentido en la vida?
4. ¿Con qué actitud se acerca el hombre moderno al matrimonio?
5. De acuerdo con Dellutri, ¿qué clase de Dios busca el hombre moderno?
6. ¿Cuáles son algunos de los «caminos oscuros» que los hombres transitan en busca de sentido para su existencia?
7. ¿Cuál sería un ejemplo de la contradicción en el pensamiento moderno?
8. Según nuestro autor, ¿cuáles son las constantes de nuestro tiempo?
9. ¿Qué similitud ve Dellutri en el pensamiento de Bergman, la iglesia colonial, y la predicación de la prosperidad?
10. ¿Qué dice Sábato acerca del mal, y cómo se compara con el concepto bíblico?

Dibujos explicativos

Estos dibujos han sido diseñados a fin de proveerle una manera sencilla de organizar y memorizar cuatro puntos esenciales del capítulo. Tome una hoja de papel y reproduzca los dibujos de cinco a siete veces mientras reflexiona en el significado de cada ilustración. Luego, tome otra hoja en blanco y reprodúzcalo de memoria junto a una breve explicación de su significado. Hemos provisto estas sencillas ilustraciones principalmente para aquellos que piensan que no saben dibujar bien. Si tiene talento para el dibujo (o deseos de dibujar) cree sus propios diseños a fin de memorizar los puntos principales de capítulo (o capítulos).

Explicación: De acuerdo a Dellutri, después de la Segunda Guerra Mundial las obras artísticas comenzaron a exhibir características particulares. En la obra Esperando a Godot, por ejemplo, «la ausencia es la protagonista del drama... que aplasta la acción y las posibilidades de los protagonistas». Aparecen una angustia, una falta de mensaje, y la ausencia tanto de los personajes como también de Dios. Otra faceta acompaña dicha ausencia: la falta de sentido en la vida y lo que rodea a la misma. En el Teatro del Absurdo, de Eugenio Ionesco, la acción de la obra no tenía nada que ver con el título de la misma. Refiriéndose a otra de sus obras, este explica: «El tema de la obra es la nada». La supuesta «muerte de Dios» dio lugar a un nuevo desespero para las personas.

Explicación: La consecuencia lógica de la supuesta «muerte de Dios» viene a ser «la muerte del hombre». Dellutri explica que dicho fallecimiento no tiene que ver con el final de la vida biológica, sino con la falta de sentido de la  existencia. El filósofo Victor Frankl afirmó que el vacío existencial se manifiesta en el conformismo (hacer lo que otros hacen), el totalitarismo (hacer lo que otros quieren que hagamos), y sobre todo, en el estado de tedio (aburrimiento y hastío). Esto, en turno, se convierte en materialismo y hedonismo. Frankl piensa que las neurosis sexuales son resultado de eso.

Explicación: El cinematógrafo Ingmar Bergman trató el tema del supuesto «silencio de Dios». Bergman afirmaba que Dios guarda un «silencio obstinado» y que aunque a veces parece hablar, no hay certeza de ello. Dellutri afirma que el hombre moderno busca un «Dios utilitario». Uno que solucione los problemas al instante. Quieren una «palabra personal y presente» y no quedan satisfechos con la revelación de Dios, escrita en la Biblia y personificada en Jesús. Dios habla, pero no queremos oírlo.

Explicación: En busca de sentido, el hombre moderno prueba otros «caminos oscuros». Entre ellos se hallan: el budismo, el hinduismo, el ocultismo, la nueva era, y el voluntarismo. El hombre occidental observa al oriente y ve la

irracionalidad, y la potencia humana. Pasamos del materialismo a la irracionalidad y el ocultismo. Algunas de las filosofías falsas son popularizadas, como el yoga, la meditación trascendental, los horóscopos y la Nueva Era.

Expresión

Una vez cumplidos los pasos anteriores, el estudiante debe:

1. Hacer una lista de oración que incluya: A. Personas a las que desean comunicarles las buenas nuevas de salvación. B. Los compañeros, para que Dios los ilumine, motive y proteja. C. El

facilitador del grupo. Estas dos últimas categorías corresponden, por supuesto, a aquellos que están cursando los estudios en grupo.
2. Enumerar y evaluar las ideas que surjan para comunicar las verdades bíblicas.
3. Darle gracias a Dios por la oportunidad que tienen de aprender.

Sugerencias para proyectos adicionales

1. El estudiante puede escribir una dramatización titulada «Teatro de lo no absurdo». En dicha obra se pueden presentar evidencias cristianas y las buenas nuevas de salvación por fe en nuestro Señor Jesús. El alumno debe presentar la obra en una ocasión adecuada.

2. El alumno puede hacer un estudio acerca de la revelación, o las maneras en las que Dios históricamente se ha revelado al hombre. La tarea incluye estudiar la revelación general y especial, así como también evaluar tanto el supuesto «silencio de Dios» —afirmado por algunos en el siglo XX— y explorar si la Biblia enseña algún «silencio» divino que represente su juicio en contra de aquellos que quieren rechazarlo. El estudiante debe desarrollar un bosquejo conciso y sencillo que se pueda emplear para enseñar en la escuela dominical.

3. El estudiante puede hacer una investigación acerca de la siguiente cuestión: «¿Hasta qué punto es infiltrada la iglesia y la literatura cristiana por algunas de las filosofías que el autor llama «caminos ocultos»? El alumno debe presentar evidencia concreta de ello, las que deben encontrarse en libros u otros recursos, y demostrar con la Biblia dónde radica el error. Como alternativa, puede investigar si algunos aspectos del yoga o de las doctrinas orientales son permisibles o recomendables para los creyentes.

4. Un proyecto original desarrollado por el alumno, el guía o facilitador, o ambos.

El mundo al que predicamos

Lección 8: El mandato autoritativo, La posmodernidad, y una perspectiva más amplia de la posmodernidad

Metas

1. El estudiante explorará el tema de la evangelización y las características de la posmodernidad. (Meta cognitiva)
2. El estudiante tomará conciencia de la necesidad de explicar/comunicar las Buenas Nuevas al mundo contemporáneo. (Meta afectiva)
3. El estudiante explicará la evangelización bíblica (en especial, frente la influencia de la posmodernidad). (Meta volitiva)

Objetivo

El estudiante escribirá un párrafo (de 100 a 150 palabras) en el cual proveerá una definición bíblica de la evangelización y la posible interacción del creyente que intenta evangelizar en el mundo contemporáneo —influido por el posmodernismo.

Retos

1. Completar esta lección: Leer las metas y objetivos del curso, el capítulo 9 (y los apéndices A y B) del libro *El mundo al que predicamos*, por Salvador Dellutri, FLET y responder las diez preguntas.
2. Estudiar las ilustraciones y entender el concepto que éstas comunican.

3. Trabajar en el proyecto seleccionado a fin de poder presentarlo en la fecha indicada (o presentar el proyecto si le toca hacerlo en la octava reunión).

Diez preguntas

1. ¿Qué definiciones de evangelización presenta Dellutri?
2. Según el autor, ¿cómo se vengaron nuestros pueblos de los conquistadores y que ha resultado de ello?
3. ¿Cuál es el análisis de América Latina presentado en nuestro texto con referencia a la religión y el cristianismo?
4. ¿Cómo caracteriza Dellutri a Latinoamérica en términos de campo fértil para nuevas y dañinas ideas o corrientes de pensamiento?
5. ¿Qué evidencias hay para demostrar que los cristianos se ocupan (y se han ocupado) de las necesidades de los seres humanos, y cómo se relaciona eso con la contextualización?
6. ¿Cuáles son algunas de las características del posmodernismo?
7. ¿Qué concepto de la verdad yace en el posmodernismo?
8. ¿Qué significa la palabra «construcción» en el posmodernismo, y qué intentan construir sus seguidores?
9. ¿Cómo reacciona Thompson ante las «justificaciones» del posmodernismo?
10. .¿Cuáles son las sugerencias que presenta Thompson como respuesta evangélica al posmodernismo?

Dibujos explicativos

Estos dibujos han sido diseñados a fin de proveerle una manera sencilla de organizar y memorizar cuatro puntos esenciales del capítulo. Tome una hoja de papel y reproduzca los dibujos de cinco a siete veces mientras reflexiona en el significado de cada ilustración. Luego, tome otra hoja en blanco y reprodúzcalo de memoria junto a una breve explicación de su significado. Hemos provisto estas sencillas ilustraciones principalmente para aquellos que piensan que no saben dibujar bien. Si tiene talento para el dibujo (o deseos de dibujar) cree sus propios diseños a fin de memorizar los puntos principales de capítulo (o capítulos).

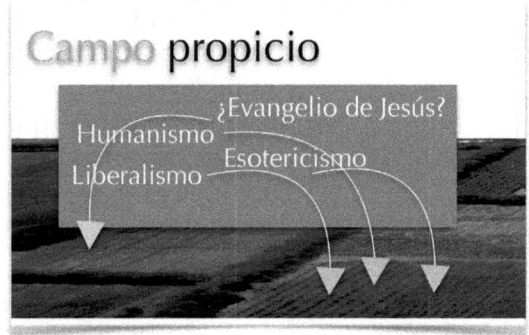

Explicación: Dellutri explica que tres factores han convertido a Latinoamérica en campo propicio para muchas ideas, filosofías, y creencias. (Ellos son: el comienzo del despertar con las revoluciones, vencer el letargo en el presente, y las comunicaciones disponibles por ser parte de la «aldea global».) Entre esas corrientes hallamos el «humanismo ateo, las ideas liberales, los movimientos renovadores católicos, las doctrinas esotéricas, o el Evangelio de Jesucristo». Dellutri afirma que en esa clase de campo toda semilla puede arraigarse y fructificar. En vista de eso, ¿qué debemos hacer para comunicar el mensaje de salvación en Jesús?

Explicación: Ante la pregunta de que si los cristianos deben modificar el mensaje del Evangelio en vista de las condiciones en el Tercer Mundo y enfocarse en proveer para las necesidades físicas y culturales, Dellutri afirma que

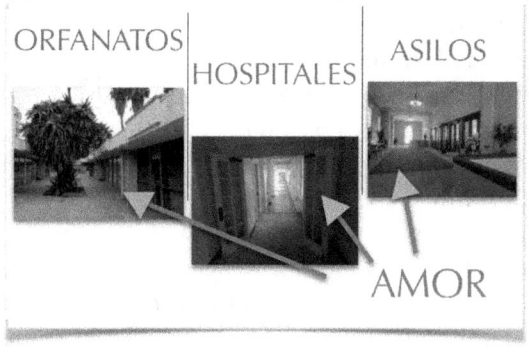

como el problema principal se halla en el corazón del hombre, allí debemos comenzar. Y enfatiza que necesitamos la redención. No obstante, nuestro autor demuestra la gran sensibilidad que los creyentes han mostrado hacia los necesitados, tanto en el pasado como en el presente. Ofrece como evidencia el hecho de que fueron cristianos quienes primero iniciaron muchas obras caritativas y que aún proveen ayuda en diversas formas.

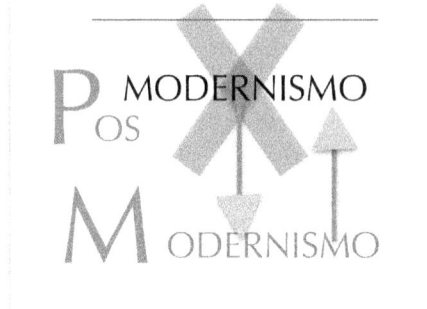

Explicación: Les Thompson designa al posmodernismo como «la nueva plaga que invade al mundo». Dicha plaga representa una nueva manera radical de ver el mundo. El posmodernismo intenta destruir lo que el «modernismo» (desde la Ilustración en adelante) aportó, y construir un nuevo concepto. El pensamiento posmoderno se caracteriza por negar la verdad absoluta, deconstruir lo del pasado y construir un nuevo ideal, buscar el placer, y considerar bueno lo que antes se veía como malo.

Explicación: El autor Thompson no se sorprende de las justificaciones de los posmodernistas ya que describen al hombre pecaminoso de cualquier época. No obstante, ve un gran problema con las conclusiones de ellos:

colocar el placer como el «valor central» y crear una nueva ideología que sirva para todos. Como respuesta, se sugiere que: 1. No debemos ser simplistas y despedir el asunto o ignorarlo. 2. Debemos reconocer los fracasos de la modernidad. 3. Enfrentar las ideas falsas de los posmodernistas. Si no batallamos podemos perder mucho, en el presente como pasó con Darwin.

Expresión

Una vez cumplidos los pasos anteriores, el estudiante debe:

1. Hacer una lista de oración que incluya: A. Personas a las que desean comunicarles las buenas nuevas de salvación. B. Los

compañeros, para que Dios los ilumine, motive y proteja. C. El facilitador del grupo. Estas dos últimas categorías corresponden, por supuesto, a aquellos que están cursando los estudios en grupo.

2. Enumerar y evaluar las ideas que surjan para comunicar las verdades bíblicas.
3. Darle gracias a Dios por la oportunidad que tienen de aprender.

Sugerencias para proyectos adicionales

1. El estudiante puede hacer un estudio acerca de la inquisición. Luego debe desarrollar una presentación en forma de dramatización o proyecto audiovisual. Dicho trabajo debe comunicar los descubrimientos del alumno para que enfoque los principios con los cuales los creyentes contemporáneos pueden aprender a fin de evitar los errores del pasado.

2. El alumno puede hacer un estudio acerca de varias entidades dedicadas a realizar obras caritativas iniciadas por cristianos en el pasado o algunas actuales. También puede seleccionar una persona u obra en particular para profundizar en la misma. El estudiante debe presentar la información que ha investigado en alguna manera creativa que incluya ideas acerca de cómo el creyente o la iglesia local pueden ayudar a los necesitados.

3. El estudiante puede desarrollar una presentación acerca del posmodernismo ya sea para una clase dominical, conferencia, o estudio en el hogar. El proyecto debe incluir definición, y características evidentes en el posmodernismo; evidencias del mismo en la cultura actual, y respuestas bíblicas.

4. Un proyecto original desarrollado por el alumno, el guía o facilitador, o ambos.

El mundo al que predicamos

El mundo al que predicamos

MANUAL PARA EL FACILITADOR

Preparado por Ministerios LOGOI/FLET

El mundo al que predicamos

Introducción

Este material ha sido preparado tanto para el uso individual como para grupos o peñas guiados por un facilitador, el cual orienta a un grupo de cinco a diez estudiantes a fin de que completen el curso. La tarea demandará esfuerzo de su parte, ya que, aun cuando el facilitador no es el instructor en sí (el libro de texto sirve de «maestro»), debe conocer bien el material, animar y dar aliento al grupo, y modelar la vida cristiana delante de los miembros de la peña.

La recompensa del facilitador vendrá, en parte, del buen sentir que experimentará al ver que está contribuyendo al crecimiento de otros, del privilegio de entrenar a otros y del fruto que llegará por la evangelización. El facilitador también debe saber que el Señor lo recompensará ampliamente por su obra de amor.

A continuación encontramos las tres facetas principales del programa FLET: las lecciones, las reuniones y las expresiones.

Lecciones	Reuniones	Proyecto

Las lecciones

Ellas representan el aspecto del programa del cual el alumno es plenamente responsable. Sin embargo, aunque el estudiante debe leer el capítulo indicado y responder las preguntas, también debe reconocer que necesitará la ayuda de Dios para sacar el mayor provecho de cada porción del texto. Usted, como facilitador, debe informarles a los estudiantes que la calidad de la reunión será realzada o minimizada según la calidad del interés, esfuerzo y comunión con Dios que el alumno tenga en su estudio personal. Se ofrecen las siguientes guías a fin de asegurar una calidad óptima en las lecciones:

    a. El alumno debe tratar (si fuese posible) de dedicar un tiempo para el estudio a la misma hora todos los días. Debe asegurarse de tener a la mano todos los materiales que necesite (Biblia, libro de texto, cuaderno, lápices o bolígrafos);

que el lugar donde se realice la tarea tenga un ambiente que facilite el estudio con suficiente luz, espacio tranquilidad y temperatura cómoda. Esto puede ayudar al alumno a desarrollar buenos hábitos de estudio.

b. El alumno debe proponerse la meta de completar una lección por semana (a no ser que esté realizando otro plan, ya sea más acelerado o más lento).

c. El alumno debe repasar lo que haya aprendido de una manera sistemática. Un plan posible es repasar el material al segundo día de haberlo estudiado, luego el quinto día, el décimo, el vigésimo y el trigésimo.

Las reuniones

En las reuniones o peñas, los estudiantes comparten sus respuestas, sus dudas y sus experiencias educacionales. Para que la reunión sea grata, de provecho e interesante se sugiere lo siguiente:

a. La reunión debe tener entre cinco y diez participantes: La experiencia ha mostrado que el número ideal de alumnos es de cinco a diez. Esta cantidad asegura que se compartan suficientes ideas para que la reunión sea interesante como también que haya suficiente oportunidad para que todos puedan expresarse y contribuir a la dinámica de la reunión. También ayuda a que el facilitador no tenga muchos problemas al guiar a los participantes en una discusión franca y espontánea, aunque también ordenada.

b. Las reuniones deben ser semanales: El grupo o peña debe reunirse una vez a la semana. Las reuniones deben ser bien organizadas a fin de que los alumnos no pierdan su tiempo. Para lograr esto se debe comenzar y concluir a tiempo. Los estudiantes pueden quedarse más tiempo si así lo desean, pero la reunión en sí debe observar ciertos límites predeterminados. De esta manera los estudiantes no sentirán que el facilitador no los respeta a ellos ni a su tiempo.

c. Las reuniones requieren la participación de todos. Esto significa no solo que los alumnos no deben faltar a ninguna de ellas, sino también que todos participen en la discusión cuando asistan. El cuerpo de Cristo, la Iglesia, consiste de muchos miembros que se deben ayudar mutuamente. La reunión o peña debe proveer un contexto idóneo para que los participantes compartan sus ideas en un contexto amoroso, donde todos deseen descubrir la verdad, edificarse y conocer mejor a Dios. Usted, como facilitador, debe comunicar el gran valor de cada miembro y de su contribución particular al grupo.

Las expresiones

Esta faceta del proceso tiene que ver con la comunicación creativa, relevante, y eficaz del material que se aprende. La meta no es sencillamente llenar a los estudiantes de conocimientos, sino prepararlos para utilizar el material tanto para la edificación de creyentes como para la evangelización de los no creyentes. Es cierto que no todo el material es «evangelístico» en sí, pero a veces se tocan varios temas durante el proceso de la evangelización o del seguimiento y estos conocimientos tal vez ayuden a abrir una puerta para el evangelio o aun mantenerla abierta. Las siguientes consideraciones servirán para guiar la comunicación de los conceptos:

  a. La comunicación debe ser creativa: La clave de esta sección es permitir que los alumnos usen sus propios talentos de manera creativa. No todos tendrán ni la habilidad ni el deseo de predicar desde un púlpito. Pero tal vez algunos tengan talentos para escribir poesías, canciones, o coros, o hacer dibujos o pinturas que comuniquen las verdades que han aprendido. Otros quizás tengan habilidades teatrales que pueden usar para desarrollar dramatizaciones que comuniquen principios cristianos de manera eficaz, educativa y entretenida. Y aun otros pueden servir de maestros, pastores o facilitadores para otros grupos o peñas. No les imponga límites a las diversas maneras en las cuales se puede comunicar la verdad de Dios.

  b. La comunicación debe ser clara: Las peñas proveen un contexto idóneo para practicar la comunicación de las verdades cristianas. En este ambiente caracterizado por el amor, el aliento y la dirección se pueden hacer «dramatizaciones» en las cuales alguien formule «preguntas difíciles», mientras otro u otros tratan de responder como si fuera una situación real. Después los demás en la peña pueden evaluar tanto las respuestas que se dieron como la forma en la cual se desenvolvió el proceso y el resultado. La evaluación debe tomar en cuenta aspectos como la apariencia, el manejo del material, y el carácter o disposición con que fue comunicado. Se puede hacer una dramatización, algo humorística, donde un cristiano con buenas intenciones, pero no muy «presentable», trata de comunicarse con un incrédulo bien vestido, perfumado y limpio. Después, la clase puede participar en una discusión amigable acerca del papel de la apariencia en la evangelización.

c. La comunicación debe reflejar el carácter cristiano. Usted como facilitador debe modelar algunas de las características cristianas que debemos reflejar cuando hablemos con otros acerca de Jesucristo y la fe cristiana. Por ejemplo, la paciencia, la humildad y el dominio propio deben ser evidentes en nuestras conversaciones. Debemos también estar conscientes de que dependemos de Dios para que nos ayude a hablar con otros de manera eficaz. Sobre todo, debemos comunicar el amor de Dios. A veces nuestra forma de actuar con los no cristianos comunica menos amor que lo que ellos reciben de sus amistades que no son cristianas. Las peñas proveen un contexto amigable, eficaz y sincero para evaluar, practicar y discutir estas cosas.

Cada parte del proceso ya detallado contribuye a la que le sigue, de manera que la calidad del proceso de la enseñanza depende del esfuerzo realizado en cada paso. Si la calidad de la lección es alta, esto ayudará a asegurar una excelente experiencia en la reunión, ya que todos los estudiantes vendrán preparados, habiendo hecho buen uso de su tiempo personal. De la misma manera, si la reunión se desenvuelve de manera organizada y creativa, facilitará la excelencia en las expresiones, es decir, las oportunidades que tendremos fuera de las reuniones para compartir las verdades de Dios. Por lo tanto, necesitaremos la ayuda de Dios en todo el proceso a fin de que recibamos el mayor provecho posible del programa.

Instrucciones específicas

Antes de la reunión: Preparación

A. Oración: Es la expresión de nuestra dependencia de Dios.

    1. Ore por usted mismo

    2. Ore por los estudiantes

    3. Ore por los que serán alcanzados y tocados por los alumnos

B. Reconocimiento

    1. Reconozca su identidad en Cristo (Romanos 6-8)

    2. Reconozca su responsabilidad como maestro o facilitador (Santiago 3.1-17)

    3. Reconozca su disposición como siervo (Marcos 10.45; 2 Corintios 12.14-21)

C. Preparación

    1. Estudie la porción del alumno sin ver la guía para el facilitador, es decir, como si usted fuese uno de los estudiantes.

        a. Tome nota de los aspectos difíciles, así se anticipará a las preguntas.

        b. Tome nota de las ilustraciones o métodos que le vengan a la mente mientras lee.

        c. Tome nota de los aspectos que le sean difíciles a fin de investigar más usando otros recursos.

    2. Estudie este manual para el facilitador.

    3. Reúna otros materiales, ya sea para ilustraciones, aclaraciones, o para proveer diferentes puntos de vista a los del texto.

Durante la reunión: Participación

Recuerde que el programa FLET sirve no solo para desarrollar a aquellos que están bajo su cuidado como facilitador, sino también para edificar, entrenar y desarrollarlo a usted mismo. La reunión consiste de un aspecto clave en el desarrollo de todos los participantes, debido a las dinámicas de la reunión. En la peña, varias personalidades interactuarán, tanto unas con otras, como también ambas con Dios. Habrá personalidades diferentes en el grupo y, junto con esto, la posibilidad para el conflicto. No le tenga temor a esto. Parte del curriculum será el desarrollo del amor cristiano.

Tal vez Dios quiera desarrollar en usted la habilidad de resolver conflictos entre hermanos en la fe. De cualquier modo, nuestra norma para solucionar los problemas es la Palabra inerrante de Dios. Su propia madurez, su capacidad e inteligencia iluminadas por las Escrituras y el Espíritu Santo lo ayudarán a mantener un ambiente de armonía. Si es así, se cumplen los requisitos del curso y, lo más importante, los deseos de Dios. Como facilitador, debe estar consciente de las siguientes consideraciones:

A. **El tiempo u horario.**

1. La reunión debe ser siempre el mismo día, a la misma hora, y en el mismo lugar cada semana, ya que eso evitará confusión. El facilitador siempre debe tratar de llegar con media hora de anticipación para asegurarse de que todo esté preparado para la reunión y para resolver cualquier situación inesperada.

2. El facilitador debe estar consciente de que el enemigo a veces tratará de interrumpir las reuniones o traer confusión. Tenga mucho cuidado con cancelar reuniones o cambiar horarios. Comunique a los participantes en la peña la responsabilidad que tienen unos con otros. Esto no significa que nunca se debe cambiar una reunión bajo ninguna circunstancia. Más bien quiere decir que se tenga cuidado y que no se hagan cambios innecesarios a cuenta de personas que por una u otra razón no pueden llegar a la reunión citada.

3. El facilitador debe completar el curso en las semanas indicadas (o de acuerdo al plan de las otras opciones).

B. **El lugar**

1. El facilitador debe asegurarse de que el lugar para la reunión esté disponible durante las semanas correspondientes al término del curso. También deberá tener todas las llaves u otros recursos necesarios para utilizar el local.
2. Debe ser un lugar limpio, tranquilo y tener buena ventilación, suficiente luz, temperatura agradable y espacio a fin de poder sacarle provecho y facilitar el proceso educativo.
3. El sitio debe tener el mobiliario adecuado para el aprendizaje: una mesa, sillas cómodas, una pizarra para tiza o marcadores que se puedan borrar. Si no hay mesas, los estudiantes deben sentarse en un círculo a fin de que todos puedan verse y escucharse. El lugar completo debe contribuir a una postura dispuesta para el aprendizaje. El sitio debe motivar al alumno a trabajar, compartir, cooperar y ayudar en el proceso educativo.

C. **La interacción entre los participantes**
   1. Reconocimiento:
      a. Saber el nombre de cada persona.
      b. Conocer los datos personales: estado civil, trabajo, nacionalidad, dirección, teléfono.
      c. Saber algo interesante de ellos: comida favorita, cumpleaños.
   2. Respeto para todos:
      a. Se deben establecer reglas para la reunión: Una persona habla a la vez y los demás escuchan.
      b. No burlarse de los que se equivocan ni humillarlos.
      c. Entender, reflexionar y/o pedir aclaración antes de responder lo que otros dicen.
   3. Participación de todos:
      a. El facilitador debe permitir que los alumnos respondan sin interrumpirlos. Debe dar suficiente tiempo para que los estudiantes reflexionen y compartan sus respuestas.
      b. El facilitador debe ayudar a los alumnos a pensar, a hacer

preguntas y a responder, en lugar de dar todas las respuestas él mismo.

c. La participación de todos no significa necesariamente que tienen que hablar en cada sesión (ni que tengan que hablar desde el principio, es decir, desde la primera reunión), más bien quiere decir, que antes de llegar a la última lección todos los alumnos deben sentirse cómodos al hablar, participar y responder sin temor a ser ridiculizados.

Después de la reunión: Evaluación y oración

A. Evaluación de la reunión y la oración:
1. ¿Estuvo bien organizada la reunión?
2. ¿Fue provechosa la reunión?
3. ¿Hubo buen ambiente durante la reunión?
4. ¿Qué peticiones específicas ayudarían a mejorar la reunión?

B. Evaluación de los alumnos:
1. En cuanto a los alumnos extrovertidos y seguros de sí mismos: ¿Se les permitió que participaran sin perjudicar a los más tímidos?
2. En cuanto a los alumnos tímidos: ¿Se les animó a fin de que participaran más?
3. En cuanto a los alumnos aburridos o desinteresados: ¿Se tomó especial interés en descubrir cómo despertar en ellos la motivación por la clase?

C. Evaluación del facilitador y la oración:
1. ¿Estuvo bien preparado el facilitador?
2. ¿Enseñó la clase con buena disposición?
3. ¿Se preocupó por todos y fue justo con ellos?
4. ¿Qué peticiones específicas debe hacer al Señor a fin de que la próxima reunión sea aún mejor?

Ayudas adicionales

1. Saludos: Para establecer un ambiente amistoso, caracterizado por el amor fraternal cristiano, debemos saludarnos calurosamente en el Señor. Aunque la reunión consiste de una actividad más bien académica, no debe adolecer del amor cristiano. Por lo tanto, debemos cumplir con el mandato de saludar a otros, como se encuentra en la mayoría de las epístolas del Nuevo Testamento. Por ejemplo, 3 Juan concluye con las palabras: La paz sea contigo. Los amigos te saludan. Saluda tú a los amigos, a cada uno en particular. Saludar provee una manera sencilla, pero importante, de cumplir con los principios de autoridad de la Biblia.

2. Oración: La oración le comunica a Dios que estamos dependiendo de Él para iluminar nuestro entendimiento, calmar nuestras ansiedades y protegernos del maligno. El enemigo intentará interrumpir nuestras reuniones por medio de la confusión, la división y los estorbos. Es importante reconocer nuestra posición victoriosa en Cristo y seguir adelante. El amor cristiano y la oración sincera ayudarán a crear el ambiente idóneo para la educación cristiana.

5. Creatividad: El facilitador debe esforzarse por emplear la creatividad que Dios le ha dado tanto para presentar la lección como para mantener el interés durante la clase completa. Su ejemplo animará a los estudiantes a esforzarse en comunicar la verdad de Dios de manera interesante. El Evangelio de Marcos reporta lo siguiente acerca de Juan el Bautista: Porque Herodes temía a Juan, sabiendo que era varón justo y santo, y le guardaba a salvo; y oyéndole, se quedaba muy perplejo, pero le escuchaba de buena gana (Marcos 6.20). Y acerca de Jesús dice: Y gran multitud del pueblo le oía de buena gana (Marcos 12.37b). Notamos que las personas escuchaban «de buena gana». Nosotros debemos esforzarnos para lograr lo mismo con la ayuda de Dios. Se ha dicho que es un pecado aburrir a las personas con la Palabra de Dios. Hemos provisto algunas ideas que se podrán usar tanto para presentar las lecciones como para proveer proyectos adicionales útiles para los estudiantes. Usted puede modificar las ideas o crear las suyas propias. Pídale ayuda a nuestro Padre bondadoso, todopoderoso y creativo a fin de que lo ayude a crear

lecciones animadas, gratas e interesantes.

Conclusión

El beneficio de este estudio dependerá de usted y de su esfuerzo, interés y relación con Dios. Si el curso resulta una experiencia grata, educativa y edificadora para los estudiantes, ellos querrán hacer otros cursos y progresar aún más en su vida cristiana. Que así sea con la ayuda de Dios.

Estructura de la reunión

1. Dé la bienvenida a los alumnos que vienen a la reunión.
2. Ore para que el Señor calme las ansiedades, abra el entendimiento, y se manifieste en las vidas de los estudiantes y el facilitador.
3. Pídales a los alumnos que tomen una hoja de papel y reproduzcan de memoria los dibujos de la lección. Los estudiantes también deben dar una explicación coherente del dibujo, pero no necesariamente exacta a la que proveemos en el libro. Presente la lección (puede utilizar las sugerencias provistas en este manual).
4. Comparta con los alumnos algunas de las preguntas de la lección junto con las respuestas. No es necesario cubrir todas las preguntas. Más bien pueden hablar acerca de las que les dieron más dificultad, que fueron de mayor edificación, o que expresan algún concepto con el que están en desacuerdo.
5. El facilitador y los estudiantes pueden compartir entre una y tres ideas que se les hayan ocurrido para la sección EXPRESIÓN y comunicar de manera eficaz algunos de los conceptos, verdades y principios de la lección.
6. El facilitador reta a los estudiantes a completar las metas para la próxima reunión. Además, comparte algunas ideas para proyectos adicionales que los alumnos puedan decidir hacer. (Utilice las sugerencias provistas.)

7. La peña o el grupo termina la reunión con una oración y salen de nuevo al mundo para ser testigos del Señor.

Lección 1
Orígenes de occidente: La herencia hebrea

Sugerencias para comenzar la clase

1. Inicie la clase pidiendo a los alumnos que comenten el siguiente dato provisto en el prólogo del texto, y que lo relacionen con la manera de pensar de la cultura actual: «Se calcula que 50.000.000 de vidas son segadas anualmente antes de nacer». Después de un breve diálogo al respecto, presente el tema de la lección.

2. Pídales a los alumnos que expresen sus ideas y experiencias respecto a la siguiente afirmación del autor: «Los cristianos tenemos las respuestas. Pero necesitamos conocer las preguntas». Intercambien ideas, y luego empiece la lección.

3. Rompa el hielo planteando algo como lo siguiente: «Nuestro texto tiene como fin equiparnos con conocimientos generales acerca de nuestra cultura a fin de poder comunicarnos mejor». Formule la siguiente pregunta: ¿Por qué algunos incrédulos consideran que la iglesia es irrelevante, prejuiciosa, anticuada, y aburrida? Una vez que varios participantes den su opinión, plantee el inicio del tema a estudiar.

4. Desarrolle su propio estilo para presentar la lección.

Comprobación de las diez preguntas

1. Para comunicar con eficacia al mundo contemporáneo debemos: a. Analizar la crisis de nuestra cultura.

2. Entender los interrogantes del hombre moderno.

3. Los hebreos y los griegos representan los dos pueblos de dónde provienen las raíces del mundo occidental.

4. Las cinco facetas distintivas de la cultura hebrea son: el

monoteísmo, la revelación, la linealidad histórica, la creación, el pecado y la culpabilidad.

5. La tres cualidades del Dios verdadero enfatizadas por Dellutri son: a. Que no puede hacerse representación material de Él. B. Que tiene carácter ético y definido. C. Que reveló su ley de manera escrita. El humanismo, el individualismo, y el racionalismo. Significan lo siguiente respectivamente: a. Confianza absoluta en el hombre y sus posibilidades (demostrado en el carácter humano de sus dioses). b. Énfasis en el individuo, y la superación propia por encima de la unión o lo colectivo. c. La investigación racional y sistemática del universo y la vida.

6. Las tres etapas en el desarrollo del pensamiento griego están representadas por los siguientes períodos: mítico, jónico o presocrático, y ático o socrático. El mítico se distingue por el fatalismo y el uso de dioses como excusa para las acciones humanas, eludiendo así el problema de la «culpa personal». El período jónico se caracteriza por un reconocimiento de las carencias de la mitología y un racionalismo que se ocupa de la pregunta del «origen esencial» del universo. El período socrático se destaca como el más brillante de la filosofía griega y concierne al conocimiento de uno mismo, preguntas acerca de cómo debemos vivir, y el mundo de los universales, ideales o arquetipos.

7. Para Heráclito el «logos» significa una ley eterna o razón universal que guía el «devenir cósmico», el proceso de todas las cosas. Además, dicho «logos» representaba la «ley de las costumbres», la ley moral para las personas y la sociedad. Aunque el «logos» de Heráclito es impersonal, sin nombre y sin carácter, Jesús —el «Logos» o «Verbo»— de quien habla Juan es Dios y es personal.

8. El «Nous» en el pensamiento de Anaxágoras representa una fuerza externa distinta, autónoma, omnipotente, omnisciente, y omnipresente que dirige y pone orden y finalidad a todo.

9. El lema de la filosofía de Sócrates es «Conócete a ti mismo».

10. El mito de la caverna que aparece en La República ilustra la idea de que para Platón el hombre solo es sombra de realidades o ideales que están detrás de ellas, y no las mismas.

Lección 2
Orígenes de occidente: La herencia griega

Sugerencias para comenzar la clase

1. Comience la clase con la siguiente afirmación de Dellutri: «La única forma de evitar el error es sujetando el pensamiento al "Libro de Dios"». Permita que varios participantes opinen al respecto. Después de una discusión fructífera, presente el tema de la lección.

2. De acuerdo a Dellutri, la crítica a la cultura hebrea se enfoca en su religiosidad externa y superficial. Pídales a los estudiantes que expresen sus ideas acerca de algunos aspectos de nuestra adoración contemporánea susceptibles de la misma crítica. Luego de intercambiar ideas, comience la lección.

3. Presente la lección con la siguiente sugerencia: Pida que los alumnos reaccionen a ella: «¿Debemos escoger entre la fe y la razón ya que una excluye la otra?» Asegúrese de que los estudiantes opinen en cuanto a la verdad o falsedad de la declaración. Comiencen la clase después de opinar.

4. Desarrolle su propia manera de enseñar, según su creatividad, para comenzar la lección.

Comprobación de las diez preguntas

1. De acuerdo con Dellutri, la diferencia fundamental entre las culturas hebrea y griega se debe a que los primeros razonaban con las Escrituras como guía, y los últimos a base del razonamiento propio.
2. Podemos evitar errar en nuestra reflexión «sujetando nuestro pensamiento al Libro de Dios».
3. Aristóteles es el filósofo con quien la lógica se convierte en ciencia. «Organon» que significa instrumento, hace referencia a sus escritos lógicos. Él consideraba que por medio de la lógica se podía alcanzar la verdad.

4. Según Aristóteles, el hombre es bueno cuando «observa el justo medio entre lo demasiado y lo muy poco».
5. Para Dellutri las indicaciones del «cumplimiento del tiempo» incluyen la «aldea global» creada por el Imperio Romano (vías de comunicación para viajar, idioma único, orden común), los interrogantes que pedían respuestas, y la llegada del tiempo establecido en el reloj profético.
6. La crítica principal a la cultura hebrea se encuentra en una religiosidad externa, superficial, sin realidad impuesta por los líderes religiosos.
7. La crítica a la cultura griega no enfoca su uso de la razón, sino más bien el razonamiento autónomo que no se somete a la autoridad de Dios.
8. Dellutri describe el nuevo hombre no como una fusión de dos cultura sino como tomar los dos hombres, con sus características, y unirlos a Jesucristo». Así, se crea en Cristo un nuevo hombre de ambos.
9. El nuevo nacimiento no «desprende al hombre de su cultura» sino que facilita purificarlo de lo pecaminoso, corrompido en su cultura.
10. De acuerdo a Dellutri, el «espíritu de occidente» se comprende en tres palabras: razón, fe y libertad. La razón se ve en la lucha por vencer lo irracional. La fe es razonable aunque acepta que existe lo que va más allá de la razón humana. Y la libertad se entiende de señorío y es consecuencia del conocimiento de la verdad, «resultante de la fe y la razón». La libertad es para hacer lo que se debe no solo lo que se quiere.

Lección 3
El hombre de occidente

Sugerencias para comenzar la clase

1. Comience la clase leyendo una breve porción del pensamiento de uno de los personajes tratados por Dellutri en el capítulo (ej.: Erasmo, Calvino, Lutero). Seleccione un pasaje controversial en el que se presenten diversas opiniones. Luego introduzca el tema de la lección.

2. Pídales a los alumnos que evalúen las tres fuentes de autoridad mencionadas: la razón humana, la tradición, y las Escrituras. Instrúyalos a que evalúen sobre todo a la razón y la tradición, y luego que comparen sus resultados con las Escrituras. Después del intercambio de ideas, comience la lección.

3. Con suficiente anticipación, pida a uno de los alumnos (o puede hacerlo usted mismo) que se disfrace como uno de los personajes que aparece en el capítulo. El personaje puede presentar una breve síntesis autobiográfica de su vida y/o responder a preguntas de los otros alumnos (si está preparado para ello). Comience la clase después de unos minutos de interacción.

4. Use su propio estilo didáctico para desarrollar la lección.

Comprobación de las diez preguntas

1. Dellutri caracteriza a la Edad Media de la siguiente manera: A. Profundamente interesada en el destino sobrenatural del hombre. B. Veían hacia el cielo y se olvidaban de la tierra. C. Investigaban los misterios teológicos, pero no lo científico. D. Exploraban los misterios de la fe, pero no la naturaleza.

2. De las catedrales de la Edad Media podemos aprender lo siguiente: A. Los hombres deben ver a las alturas y a la esperanza

de la vida eterna. B. La opinión de los hombres no importa mucho sino lo que Dios ve. C. El anonimato de los individuos y el trabajo colectivo. D. Conciencia de la eternidad. E. La inclusión de toda la población en las grandes ceremonias.

3. Francisco de Asís representa el movimiento hacia el Renacimiento. Comienza a bajar los ojos del cielo y redescubrir la belleza de la naturaleza que nos rodea.

4. El Renacimiento recibe su nombre del despertar o renacer del interés en el hombre y en la naturaleza. Los hombres se interesan en la geografía, la astronomía, las ciencias naturales. Además, comienzan a leer las obras antiguas, renace el espíritu griego y el romano.

5. El tema recurrente del Renacimiento es «el hombre en todo su esplendor». Leonardo da Vinci, pintor, escultor, arquitecto, ingeniero, inventor, matemático, naturalista, representa el «típico hombre del Renacimiento». Quiere investigar todo y aun «hacer milagros».

6. Los humanistas eran pensadores que enfatizaban la razón, criticaban la iglesia y el poder civil, y exaltaban el pensamiento clásico. En su concepto, el hombre representaba el «punto de partida» para el conocimiento de Dios, la naturaleza, y la vida. El más destacado fue Erasmo de Rotterdam, considerado como el «hombre más civilizado de su época».

7. Varias realidades de la iglesia motivaron un «regreso a las fuentes» de las Escrituras: su poder autoritativo y «omnímodo»; el clero como «casta aparte» en la sociedad; el supuesto poder milagroso para convertir el pan y el vino en el cuerpo y la sangre de Jesús; el derecho autoritativo y singular de interpretar las Escrituras; los «Tribunales de la Santa Inquisición» con sus torturas y ejecuciones; la conducta escandalosa de muchos clérigos; la ostentación y los negocios lucrativos en la iglesia; y la veneración de reliquias.

8. Martín Lutero dio inicio a la Reforma cuando clavó las 95 tesis en contra de la indulgencias en la puerta de la abadía de Wittenberg. Sola fide y Sola Scriptura son las dos fórmulas basales de la

Reforma. La primera significa que el hombre carece de mérito para tener salvación y solo puede ser salvo por fe, sin obras, a base de la gracia de Dios. La segunda, que la autoridad para el creyente se encuentra en las Escrituras y no en la iglesia, los papas ni la tradición. Las Escrituras pueden y deben ser estudiadas por todos ya que son comprensibles, y el Espíritu Santo nos ayuda a entenderlas.

9. La iglesia romana papal reaccionó con el concilio de Trento, en el que afirmaron sus dogmas: los sacramentos como medios de gracia, la transubstanciación, la sucesión apostólica, el purgatorio, las obras para la salvación, y la tradición al nivel de las Escrituras. Confirmaron los principios de la Edad Media y reafirmaron «su vocación absolutista, sacramentalista, y sacerdotal».

10. Dellutri afirma que el hombre moderno nace en este período de la historia ya que el humanismo, el catolicismo romano, y el protestantismo todavía son exigentes y siguen en conflicto a causa de sus diferentes bases de autoridad. Según el autor, dichas líneas de pensamiento vieron al pasado para afirmar sus convicciones»: El humanismo buscó sus fuentes antiguas en Grecia y Roma; el catolicismo romano en la Edad Media; y el protestantismo en el cristianismo primitivo. Las tres continúan en conflicto actualmente a causa de sus diferentes bases de autoridad.

El mundo al que predicamos

Lección 4

Renacimiento humanista y la Reforma protestante

Sugerencias para comenzar la clase

1. Comience la sesión con una discusión acerca de la validez de la afirmación de Descartes: «Pienso, luego existo». Deben considerar si sería mejor analizarla al revés: «Existo, luego pienso». Compartan sus ideas al respecto, y aproveche para presentar el tema de la lección.
2. Pídales a los alumnos que reflexionen acerca del «imperativo categórico» de Kant y evalúen su propuesta. Intercambie ideas con ellos, y comience la lección.
3. Comparen la proclamación de Nietzsche, «Dios ha muerto», con la oferta de Satanás a Eva en el huerto. Comiencen la clase después de unos minutos de participación colectiva.
4. Desarrolle su propia manera de enseñar para desarrollar la presentación de la lección.

Comprobación de las diez preguntas

1. En los siglos posteriores al Renacimiento la filosofía toma un rumbo diferente en que se va independizando de la teología, aun cuando antes estuvo conectada y subordinada a ella. Tanto las Escrituras, cual revelación de Dios, como también la existencia de Él mismo se ponen en «tela de juicio, sujetos al razonamiento humano». Dellutri afirma que el antropocentrismo crece hasta llegar a su apogeo en los siglos XIX y XX.
2. La filosofía de Descartes califica de racionalismo. Desechó a Dios y la Biblia como fundamentos y se colocó a sí mismo en su lugar. Para comenzar, puso todo en duda —incluso sus propios sentidos. En el proceso descubrió que no podía dudar de su propia duda. Y como dudar representa una manera de pensar, expresó su famosa

declaración: «Pienso, luego existo». Descartes pone al hombre como la medida de todas las cosas.

3. La filosofía de Juan Locke califica de empirismo y niega que existan principios innatos. El hombre es como una hoja de papel en blanco, o una «tabula rasa» en la cual todo se graba a través de los sentidos. El empirismo enfatiza la experiencia sensible y lo que se recibe por medio de ella. Y plantea que como la experiencia nunca concluye, no puede haber verdad absoluta. Todo queda en la esfera del relativismo. En la filosofía de Locke, ae llama bueno a lo que puede proporcionar placer o aumentarlo, o en todo caso disminuir el dolor.

4. En la Ilustración se pensaba que «la luz de la razón debía iluminar al hombre» y sacarlo del «oscurantismo religioso». Creían que en la naturaleza había leyes inmutables que mantenían todo en equilibrio. Por lo tanto, deberían existir leyes naturales descubrirles que facilitaran el «equilibrio social, político, y económico». Muchos de esos pensadores eran ateos y/o deístas. Para estos Dios existía y creó al mundo, pero no interviene en él. Voltaire, Kant, y Rousseau son tres representantes del pensamiento de la Ilustración. El hombre está en el centro, y la ciencia progresa mediante las investigaciones y los experimentos.

5. El deísmo afirma que Dios creó al universo, pero que no interviene en él. El deísta no cree en leyes morales establecidas por Dios, mucho menos en la encarnación, resurrección, ni redención de Jesús.

6. Voltaire pensaba que «si Dios no existiera, habría que inventarlo». Creía que Dios era necesario para explicar la existencia del universo, pero criticaba al cristianismo de manera implacable.

7. Kant critica al racionalismo y al empirismo. Afirma que debemos vivir como si Dios existiera. Este, para él, se debía postular pero no se podía pensar que existe. Kant formuló el «imperativo categórico», abogaba que debemos hacer solo aquello que pudiera convertirse en ley universal para todos. Para Kant, el hombre y su razonamiento eran el centro.

8. Rouseau veía al hombre como originalmente bueno, sin

consecuencias de la caída ni del pecado, aun cuando sí corrompido por la sociedad. El hombre es bueno, pero la civilización, no. Además, el hombre debe ser guiado por los sentimientos, o su conciencia. En cuanto a la existencia de Dios, pensaba que existía pero que cada uno debe adorar a su manera de acuerdo a los dictámenes de su propio corazón.

9. Augusto Comte se reconoce como el fundador del positivismo. Reconocía tres períodos en el pensamiento del hombre: teológico, metafísico, y positivo. En el primero se recurría a Dios para explicar las cosas; en el segundo, al pensamiento abstracto; y en el tercero, a un estudio de las leyes de la naturaleza. Y plantea dos bases para el positivismo: A. Toda la realidad podía ser explicada y controlada a base de la ciencia. B. Si conocemos la totalidad de las leyes naturales, supuestamente inmutables, se puede determinar el comportamiento futuro. Con referencia al hombre, se pudiera determinar dónde estaría y qué va a hacer en un momento dado.

10. Federico Nietzsche proclamó que Dios estaba muerto. Dicho «grito» representaba la supuesta independencia del hombre.

El mundo al que predicamos

Lección 5
Crecimiento del humanismo

Sugerencias para comenzar la clase

1. Pida a los alumnos que reflexionen y enumeren varias consecuencias de vivir cómo si Dios no existiera. ¿Cómo distinguiríamos la verdad de la mentira? ¿Cómo organizaríamos nuestra vida? ¿Qué papel representarían las diferentes personas en la familia? Use la cita de Dellutri, después de unos minutos de discusión, como ayuda para introducir la clase: La presente centuria quiere ser un siglo sin Dios, pero no ha podido ser un siglo sin angustia.

2. Introduzca la lección pidiéndoles a los alumnos que opinen acerca de la siguiente cita de Dellutri que describe el pensamiento de Kierkegaard: «La fe en Dios es una obediencia que exige dejar de lado todo racionalismo». ¿Refleja dicha afirmación el punto de vista de las Escrituras? ¿No necesitamos siempre la mente para entender la Palabra de Dios? ¿Es cierto que la fe y la razón no se corresponden? ¿Cómo podemos explicar pasajes bíblicos como los siguientes que incluyen el uso de la mente y la razón?

   - Venid ahora, razonemos —dice el Señor— aunque vuestros pecados sean como la grana, como la nieve serán emblanquecidos; aunque sean rojos como el carmesí, como blanca lana quedarán (Isaías 1.18).

   - Jesús respondió: El más importante es: Oye, Israel; el Señor nuestro Dios el Señor uno es; y amarás al Señor tu Dios con todo tu corazón, y con toda tu alma, y con toda tu mente, y con toda tu fuerza. El segundo es éste: Amarás a tu prójimo como a ti mismo. No hay otro mandamiento mayor que éstos (Marcos 12.29-30).

   - Hizo además Jesús muchas otras señales en presencia de sus discípulos, las cuales no están escritas en este libro. Pero éstas se han escrito para que creáis que Jesús es el Cristo, el Hijo de Dios; y para que creyendo, tengáis vida en su nombre (Juan 20.30-31).

- Prosigan con el resto de la lección después de que varios participantes expresen sus ideas al respecto.

3. Comience la instrucción con la siguiente cita de Dellutri: «El hombre moderno tiene raíces que se hunden en el pasado, las cuales son fácilmente identificables en algunos hombres del siglo XIX, que tienen sus seguidores en el presente.

- Pídales a los alumnos que expresen si reconocen en su forma de pensar las ideas de cualquiera de los pensadores que aparecen en este capítulo. Pregunte cómo podemos reconocer y contrarrestar las ideas que rigen nuestra filosofía de vida y que son contrarias a las enseñanzas de las Escrituras. También puede preguntar cuál es el valor de estudiar las ideas de personas que no creen en Dios ni en la Biblia. Después de unos minutos de interacción pasen al próximo paso de la lección.

4. Emplee su imaginación para desarrollar la lección.

Comprobación de las diez preguntas

1. Dellutri piensa que el siglo XIX se prolongó hasta el año 1914, cuando comenzó la Primera Guerra Mundial. El humanismo entró en un período de crisis ya que esa guerra atestiguó la realidad de la naturaleza pecaminosa del hombre. Dellutri afirma que en ese año la ingenuidad se hizo añicos como consecuencia de lo traumático del conflicto.

2. La crisis caracteriza al humanismo del siglo XX, de acuerdo con Dellutri.

3. Ignorar a Dios es una de las características sobresalientes del siglo XX. Se ve religiosidad (muchas veces con connotaciones folklóricas y poco, o nada, espirituales), así como educación sin referencia a Dios, ética humanista, y doctrinas tanto ateas como anticristianas. El precio de ignorar a Dios es que perdemos

nuestro «punto de referencia eterno» y no somos capaces de interpretar nuestra «propia dimensión».

4. Sören Kierkegaard fue un pastor y teólogo dinamarqués cuyo pensamiento reaccionó contra el racionalismo de Descartes —el cual culminó en Hegel. Kierkegaard exalta la experiencia subjetiva con Dios por encima del razonamiento. El hombre, para él, necesita un «salto de fe» hacia Dios, a fin de calmar la desesperación y la sed del alma. Después de la Primera Guerra Mundial, el pensamiento de Kierkegaard se «exhumó y revalorizó». El existencialismo ateo toma los símbolos religiosos y aboga por un «salto angustioso» hacia el «vacío» o la «nada».

5. Karl Marx fue un filósofo, economista y revolucionario, nacido en Alemania. Era ateo, solo creía en lo material. El factor económico, según él, es lo fundamental para comprender la historia, la que explica como una guerra entre clases: ricos y obreros. Marx calificó la religión como «el opio de los pueblos», es decir, aquello que aletargaba a las personas y demoraba el proceso de cambiar el mundo presente.

6. Carlos Darwin era un naturalista que escribió El origen de las especies. No inventó la tesis de la evolución, pero sí «la desarrolló en forma sistemática y completa». Darwin contribuyó al planteamiento de la «selección natural», que representa el «mecanismo» mediante el cual ocurre, supuestamente, la evolución. Es a través de esa «selección natural» que sobreviven las mejores especies, de acuerdo a la competencia, las mutaciones, y el tiempo. Darwin creía que la selección natural constantemente evalúa los cambios más mínimos a fin de rechazar lo malo, retener lo bueno, y hacer progresar las especies.

7. Nietzsche pensaba que la «selección natural», propuesta por Darwin, había que implementarla en la sociedad a fin de eliminar a los seres humanos débiles que no saben enfrentar la vida. Hitler puso la idea en práctica al manifestar su odio contra los judíos, y respecto a su meta de destacar la supuesta raza superior: la aria.

8. El francés Sartre fue un filósofo ateo existencialista. Reconocía que solo los especialistas eran capaces de leer los tratados

filosóficos; usó el teatro, la novela y el cine para comunicar y difundir su filosofía. En la filosofía atea de Sartre se ve la consecuencia lógica del ateísmo respecto a la existencia del hombre, ya que sin Dios todo es permitido.

9. Dellutri concluye que «la libertad absoluta es también una forma de esclavitud».

10. La definición del hombre que provee el humanismo llega en las palabras de Sartre, que lo define así: «El hombre es una pasión inútil».

Lección 6
El hombre del siglo XX

Sugerencias para comenzar la clase

1. Pida a los alumnos que reflexionen acerca de la expresión de Dellutri que aparece a continuación, y la apliquen al mensaje cristiano: «Los humanistas fueron los primeros en notar que el acceso a estos medios [de comunicación] era necesario si querían difundir e implantar su pensamiento en la sociedad». Entre las preguntas que pueden hacer están las siguientes: ¿Saben los cristianos usar los medios tecnológicos disponibles para comunicar las buenas nuevas de salvación por fe en Jesús? ¿Somos los primeros (o los últimos) en percatarnos de cómo usar las nuevas tecnologías para la evangelización y la edificación? ¿Necesitamos esas tecnologías? ¿Hay algunas de ellas disponibles que estamos despreciando? Después de unos minutos de discusión introduzca el tema de la clase.

2. Introduzca la lección con la siguiente cita de Dellutri y pida a los alumnos que opinen al respecto: «Los grandes filósofos humanistas han penetrado con su pensamiento en el de los comunicadores sociales, artistas, pensadores, etc., de todos los rincones del mundo occidental. Los intelectuales latinoamericanos más destacados... están bajo la influencia de los humanistas y transmiten sus ideas a nuestros pueblos, en nuestro lenguaje, adaptadas a nuestra realidad». Instruya a los estudiantes a que comparen la estrategia de los humanistas con las de los cristianos. Después de una discusión fructífera prosigan con el resto de la lección.

3. Comience la instrucción con la cita de Dellutri acerca del nihilismo y pídales a los alumnos que comparen eso con la cosmovisión cristiana: «El pensamiento nihilista ha impregnado a la sociedad occidental de diferentes formas, y si bien no todos tienen una conciencia fatalista, es notable la sensación

generalizada de que lo más importante es vivir el hoy, satisfacer todos los deseos y exaltar la libertad por encima de la responsabilidad». ¿Contiene algún principio válido dicha filosofía? ¿Debe el creyente vivir el hoy? ¿Cuál debe ser la actitud del creyente frente el placer? Después de unos minutos de interacción, pasen al próximo paso de la lección.

4. Desarrolle su propia idea para comenzar, y presentar la lección.

Comprobación de las diez preguntas

1. La «aldea global» es una designación para el mundo en vista de la tecnología que permite, por ejemplo, que se vean los sucesos en forma directa y simultánea en todo lugar. De acuerdo con Dellutri, los humanistas fueron los primeros que reconocieron que dichos medios eran necesarios para difundir su mensaje humanista.

2. Los humanistas iniciaron el trabajo a dos niveles. Por un lado, sus filósofos trabajaban a nivel teórico y producían obras para los especialistas. Por otro, usaban el cine, el teatro y las obras literarias para popularizar sus ideas.

3. Según Dellutri, el ateísmo entró con fuerza en la sociedad bajo el nombre de «agnosticismo». Dicho término se atribuye a T.H. Huxley quien lo usa para expresar dudas acerca de la posibilidad de poder saber si Dios existe o no.

4. Después de la Segunda Guerra Mundial el ateísmo para al nihilismo, cuyo nombre proviene de la palabra latina nihil, que significa «nada».

5. Entre las enseñanzas del nihilismo hallamos las siguientes: A. No hay valores supremos. B. No hay meta ni razón para nada. C. Nada cuenta si no el instante que se vive. D. La búsqueda del hombre se reduce al placer de hoy. E. No hay valores absolutos. F. Los deseos del cuerpo deben satisfacerse sin límites. G. Todo es bueno y lo que la mayoría hace es normal. H. Se exalta lo humano. Los ídolos son humanos, como estrellas de Hollywood o deportistas. I. La autodestrucción supera el instinto de conservación. J. La libertad se exalta por encima de la responsabilidad.

6. Los hombres del medioevo edificaban catedrales que se llevaban mucho tiempo en construir, tal vez más que la propia vida del constructor. El hombre moderno no trata de hacer lo que no pueda ver completado. No inicia un trabajo que tome más tiempo que su propia vida.

7. El hombre moderno perdió el miedo reverente o estremecimiento que lleva a la postración ante Dios.

8. El principio ecológico por excelencia, según Dellutri, se encuentra en el Salmo 24.1: «Del Señor es la tierra y su plenitud, el mundo y los que en él habitan. Porque Él la fundó sobre los mares y la afirmó sobre los ríos». Dellutri plantea la concepción cristiana acerca de la naturaleza así: «La naturaleza es creación de Dios en beneficio del hombre para su uso racional». El hombre moderno no reconoce al Creador, posee un concepto desmedido de la libertad que tiene cada vez menos fronteras; destruye la responsabilidad personal, y por consiguiente arruina a la naturaleza. No se siente huésped privilegiado de Dios sobre la tierra; al contrario, actúa como amo absoluto.

9. Freud fue el que planteó la teoría del sicoanálisis. Rechazaba la religión y colocaba la ciencia por encima de ella como respuesta a los problemas de conducta. Intentó solucionar el problema del sentimiento de culpa con el sicoanálisis. Según el pensamiento freudiano, ese sentimiento de culpa resulta del contraste entre el yo [ego] y el súper yo [superego], representado por las prohibiciones morales que el ser humano aprende. El yo se castiga con la autoacusación de los valores aprendidos. El terapeuta «absuelve» al paciente con sus propios valores acerca de lo bueno y lo malo a fin de apagar su sentimiento de culpa.

10. La respuesta de Freud niega el pecado y remplaza los valores bíblicos con los del terapeuta, a fin de desactivar la conciencia. Es interesante que Freud exaltara la ciencia aun cuando no quería someter sus teorías a las pruebas de aquella. La respuesta cristiana afirma el valor de la conciencia, reconoce que existe culpa real ante Dios, y en vez de negar el pecado recibe la solución del perdón genuino comprado por Jesús en la cruz y recibido gratuitamente por fe en Él.

El mundo al que predicamos

Lección 7
El hombre en busca de sentido

Sugerencias para comenzar la clase

1. Pida a los alumnos que reflexionen acerca de la ausencia y la «falta de sentido» descritos en la lección, y qué opinen acerca de las siguientes preguntas: «¿Es lógico que el hombre pierda la noción del sentido al querer deshacerse de Dios? ¿Es posible que un creyente sea afectado por la desesperación? ¿Qué consejo le darían a alguien que se siente angustiado y sin sentido en la vida? Después de que varios de ellos opinen, prosiga al próximo paso de la lección.
2. Pregunte: ¿Qué evidencia hay de que las filosofías de los "caminos ocultos" ha infiltrado la iglesia? Por ejemplo, pueden opinar acerca de los creyentes que se guían por el horóscopo. Intercambien ideas al respecto y continúen con el resto de la lección.
3. Comience la instrucción con el siguiente planteamiento: «Dellutri relaciona el yoga con los "caminos oscuros". ¿Es cierto que el creyente no debe usar el yoga y otras cosas similares ni siquiera como medio de ejercicio o relajamiento?»
4. Desarrolle su propia idea creativa para presentar la lección.

Comprobación de las diez preguntas

1. Luego de la Segunda Guerra Mundial, la ausencia aparece acompañada con la falta de sentido en la vida.
2. La filosofía que afirma que «el hombre ha muerto» hace referencia a la «falta de sentido existencial» que experimenta el hombre moderno.
3. La falta de sentido, según Frankl, conduce a las neurosis sexuales.
4. El hombre moderno se acerca al matrimonio con una disposición egoísta que lo lleva a satisfacer sus necesidades personales y de transcendencia. Pero el matrimonio no fue diseñado para eso. Solo Dios puede satisfacer esas necesidades.

5. Dellutri afirma que el hombre moderno busca un «Dios utilitario». Quiere una palabra directa y personal en el presente, pero no se satisface con la revelación de Dios escrita en la Biblia ni con la respuesta personal de Jesús. El Dios del hombre moderno tiene que solucionar los problemas de inmediato o es relegado a un segundo plano.
6. Entre los «caminos oscuros» mencionados en el capítulo encontramos los siguientes ejemplos: hinduismo, budismo, ocultismo, voluntarismo, yoga, el movimiento Hare Krishna, la meditación transcendental, la Nueva Era, y los horóscopos.
7. Dellutri menciona —como ejemplo de la contradicción en el pensamiento moderno— el determinismo de la astrología. A través de ella los astros rigen la vida de los hombres y las doctrinas voluntaristas que enfatizan las posibilidades y capacidades del hombre para determinar su destino.
8. El sexo y la violencia, según Dellutri, son las constantes de nuestro tiempo.
9. Dellutri nota la siguiente similitud en las tres: un Dios que solucione los problemas de inmediato.
10. Sábato afirma: «De una cosa estoy seguro, el mal está organizado». El creyente le da nombre e identificación a los poderes malignos. En Efesios 6.12 leemos: «Porque nuestra lucha no es contra sangre y carne, sino contra principados, contra potestades, contra los poderes de este mundo de tinieblas, contra las huestes espirituales en las regiones celestes».

Lección 8
El mandato autoritativo y Apéndice A

Sugerencias para comenzar la clase

1. Comience la clase leyendo la definición para la evangelización rechazada por Dellutri: «El anoticiamento de que existe una religión llamada cristiana, basada en sacramentos, y que debe ser aceptada compulsivamente». Pida a los alumnos que reflexionen y opinen acerca de si los cristianos con el verdadero mensaje de salvación empleamos métodos compulsivos en nuestra evangelización. Después de algunos minutos de discusión prosigan con el resto de la clase.

2. Introduzca la lección con algo como lo siguiente: «Dellutri caracteriza a América Latina como un campo propicio para que toda clase de idea que se arraigue fructifique, incluso el Evangelio de Jesús». Pida a los alumnos que digan algunas de esas ideas (ya sean falsas o correctas) y pregúnteles si las han visto arraigadas en nuestros pueblos. No olviden comparar la receptividad de esas ideas con la proclamación del evangelio. Comenten el asunto y luego pasen al resto de la lección.

3. Comience la instrucción pidiendo que expresen algunas de las características del pensamiento posmodernista. Luego dígales que den ejemplos concretos en la actualidad. Pregunte si alguien conoce a algún seguidor de esos postulados. Brinde unos minutos para que dialoguen al respecto, y entonces proseguir al próximo paso de la lección.

4. Desarrolle su propia idea para comenzar y presentar la lección.

Comprobación de las diez preguntas

1. Dellutri presenta dos definiciones de la evangelización, una de las cuales rechaza. Por un lado —el positivo—, la define como «la proclamación del evangelio», conforme a lo que enseña la Biblia.

Por otro, la rechaza porque considera a la evangelización como «el anoticiamento de que existe una religión llamada cristiana, basada en sacramentos, que debe ser aceptada compulsivamente».

2. Dellutri piensa que nuestros pueblos se vengaron de los conquistadores y la religión que nos fue impuesta cuando mezclaron elementos de religiones paganas con sus ritos y ceremonias. Como resultado tenemos un sincretismo religioso totalmente alejado del cristianismo bíblico.

3. El análisis de América Latina en cuanto a la religión y la cristiandad concluye que hay un continente supremamente supersticioso y pagano pese a las señales que parecen mostrar que es «profundamente religioso y cristiano». Dellutri afirma que «los cristos latinoamericanos no tienen relación con el Señor revelado en los evangelios».

4. Dellutri considera que por formar parte de la aldea global y por haber vencido su letargo a causa de las resoluciones con las cuales comenzó a despertar, Latinoamérica representa un «campo propicio» tanto para toda clase de doctrinas falsas como también para el Evangelio de Jesucristo.

5. El autor niega que debamos cambiar el evangelio o contextualizarlo de manera que apuntemos primero a las necesidades materiales y sociales. Afirma que el problema del hombre yace en el corazón y allí debe ocurrir el primer cambio y luego, la modificación de las estructuras. Acerca de los cristianos insensibles a las necesidades de los seres humanos, Dellutri señala que fueron cristianos los que iniciaron muchas empresas caritativas en el pasado, y en el presente siguen ayudando de diversas maneras.

6. Entre los conceptos del posmodernismo encontramos los siguientes:
    - Una nueva manera radical de pensar.
    - Desconfianza de los dogmas del pasado (desde la Ilustración).
    - El querer deconstruir lo del pasado y crear un nuevo

concepto.
- La negación de la verdad absoluta y en su lugar símbolos o conceptos, ninguno menos ni más «verdad» que el otro.
- Satisfacción y placer personal sin considerar consecuencias.
- Celebrar y ver como bueno lo que se consideraba indebido.

7. El pensamiento posmoderno niega la verdad absoluta. Aboga que las culturas, agrupaciones o religiones crearon sus propias ideas. Los diversos grupos crearon sus propios «símbolos» para explicar la realidad o la verdad. Ellos, además, no son aplicables de manera universal ni tampoco son revelados por Dios. Por lo tanto, «nadie puede decir que uno es más verdad que otro.

8. Construcción se refiere a los sistemas de creencias o conceptos creados por las diferentes agrupaciones que «construyen» las «historias» o «realidades», las cuales llegan a considerarse como «verdad». Los posmodernistas quieren «deconstruir» los conceptos del pasado y crear uno universal y mejor «para la civilización presente y futura».

9. A Thompson no le sorprenden las «justificaciones», ya que describen al hombre pecaminoso. No obstante, ve problemas con las conclusiones a las que llegan: afirmar el placer como el «valor central», buscar un consenso entre los hombres (con tantas ideas diferentes) a fin de poder vivir pacífica y justamente, y crear una nueva ideología que sirva para todos.

10. Thompson sugiere que: Primero. No debemos ser simplistas despidiendo el asunto o disparando unos cuantos textos bíblicos. Segundo. Debemos reconocer con franqueza que «la modernidad es un fracaso rotundo respecto a lo social y espiritual». Tercero. Confrontemos las ideas falsas de los posmodernistas.

www.ingramcontent.com/pod-product-compliance
Lightning Source LLC
Chambersburg PA
CBHW071704090426
42738CB00009B/1656